AF193538

bellezas inacabadas

ricardo piñero moral

bellezas inacabadas

Gaudí, Brueghel, Rothko, Buonarroti

EDICIONES RIALP
MADRID

© 2025 *by* Ricardo Piñero Moral
© 2025 *by* EDICIONES RIALP, S.A.
  Manuel Uribe 13-15, 28033, Madrid
  (www.rialp.com)

No está permitida la reproducción total o parcial de este libro, ni su tratamiento informáti-
co, ni la transmisión de ninguna forma o por cualquier medio, ya sea electrónico, mecánico,
por fotocopias, por registro u otros métodos, sin el permiso previo y por escrito de los
titulares del copyright. Diríjase a CEDRO (Centro Español de Derechos Reprográficos,
www.cedro.org) si necesita reproducir, fotocopiar o escanear algún fragmento de esta obra.

Preimpresión: www.produccioneditorial.com

ISBN (edición impresa): 978-84-321-7002-7
ISBN (edición digital): 978-84-321-7003-4
ISBN (edición bajo demanda): 978-84-321-7004-1
ISNI: 0000 0001 0725 313X
Depósito legal: M-4470-2025

Impreso en España   *Printed in Spain*
Anzos, S. L. - Fuenlabrada (Madrid)

para Guille…
con toda mi alma…

índice

de lo inacabado

Perfecto y *humano* son palabras que no suelen aparecer en la misma frase. Lo perfecto es algo que se nos escapa, como el agua entre los dedos. Eso de llegar al máximo grado de una determinada cualidad, eso de alcanzar el máximo nivel, es más un deseo que una realidad. Ciertamente, desde muchos puntos de vista, los seres humanos somos algo sorprendente, extraordinario, fascinante: solo pensar el número de células que componen nuestro cuerpo, el funcionamiento de nuestros órganos, los logros técnicos que hemos conseguido a lo largo de nuestra brevísima historia, la curiosidad que nos ha llevado a investigar agujeros negros y galaxias, la capacidad de entender la estructura química de nuestro mundo y codificarla en los elementos de la tabla periódica, la diversidad de modos de comunicación que empleamos para entrar en contacto unos con otros… Al contemplar ese escenario nos damos cuenta de que tenemos todo por delante, tenemos la sensación de que eso que hemos logrado o que sabemos no es más que algo ínfimo, y que está todo por hacer, como si estuviésemos recorriendo una senda que no tiene fin.

En nuestros tiempos, parece que todo acontece a un ritmo tal que, en ocasiones, uno no sabe cuándo algo comienza y cuándo termina. Vivimos a unas velocidades impropias de seres humanos, lo que dificulta, si no hace imposible, algunas cosas esenciales que caracterizan nuestra forma de ser en el mundo. Los *riders* recorren a toda prisa la ciudad transportando nuestra comida rápida, cada vez son más los que no se sientan a la mesa, el alimento ya no es comida, porque dejamos de participar de lo esencial: reunirnos en compañía de seres queridos, celebrando que estamos juntos y, de paso, nutrirnos saludablemente. Preferimos trasladarnos de un lugar a otro en el menor tiempo posible, elegimos lo supersónico o tomamos trenes bala o autopistas, olvidando el placer de estar en viaje, dejando de disfrutar de la mirada, prescindiendo de aprender eso que siempre ofrece el camino. Incluso hemos llegado a acelerar la voz de los audios que recibimos, porque ya ni siquiera queremos perder tiempo en escuchar a un amigo, y lo único que nos interesa es el contenido del mensaje: nadie está a salvo de haberse convertido en una especie de ventrílocuo perverso, forzando la reproducción de voz de sus contactos de WhatsApp.

Esta sensación de vértigo se acentúa cuando comprobamos el número de horas que pasamos ante los dispositivos móviles, en los que nuestra atención está tan absorta que, en lugar de ponernos en contacto con otras personas, otros lugares u otras realidades, sus pantallas nos atrapan y nos aíslan cada vez más de quienes nos rodean. Mis estudiantes me confiesan que son muchos los videos que ven en YouTube a x1,5, x2 o x2,5... ¿Dónde ha quedado el degustar el ritmo de la narración? ¿Ya a nadie le importan los matices que destilan las notas de una banda sonora? ¿Las pausas, los silencios, los cambios de luz son pinceladas desechables que no aportan nada a lo cinematográfico o a cualquier otro contenido audiovisual? Y todo eso no es lo peor... Lo más doloroso es que ni siquiera tenemos una buena razón para someternos a una aceleración que va en contra de la viabilidad de la propia especie. Aún más, ni siquiera hemos tomado esa decisión de centrifugar nuestras vidas, sino que toda esa vorágine nos viene impuesta por inercias sociales, políticas y económicas de las que no somos partícipes.

Necesitamos parar. Es imprescindible que nos tomemos en serio este don que nos ha sido dado y que es vivir. ¿Cuánto hace que no te paras a considerar detenidamente algo importante? Seguramente ni tú ni yo nos vemos obligados diariamente a tomar decisiones que afecten a millones de personas, pero lo que tú y yo hacemos muchas veces al día es decidir muchas pequeñas cosas que van marcando el tono y el tempo de lo que hacemos y dejamos de hacer cada día. Además, esas microdecisiones pueden afectar, y de hecho lo hacen, a las cosas que tenemos entre manos, y a las situaciones que compartimos con quienes forman nuestra familia, nuestro círculo de amistades o nuestros compañeros de trabajo.

En cierto sentido, todo está inacabado, especialmente nuestra propia vida, nuestra propia condición, y eso se nota en que —más allá del orgullo y la vanidad que podamos experimentar como especie por lo conseguido— somos seres indigentes, necesitados de los demás, requerimos todo lo que nuestro mundo nos ofrece para respirar, alimentarnos, crecer, mejorar, relacionarnos entre nosotros y con otras especies, trabajar para hacer de la vida algo aún más valioso, producir herramientas y objetos que faciliten y ayuden a que nuestra existencia sea más plena, crear a través del arte obras que nos permitan desplegar nuestras habilidades comunicativas hasta mucho más allá de lo imaginable.

No son pocos los que conciben la historia del arte como la historia de la belleza. En el arte comparecen otras muchas dimensiones además de belleza: técnica, imaginación, capacidad de comunicación, materiales, formas, deseos, sueños, modos de representación... Solemos emplear la expresión "obra maestra" para calificar aquella que manifiesta la máxima habilidad, la mayor exquisitez técnica, la potencia expresiva total. Solemos considerar que una obra maestra es aquella que, por simplificar, podríamos calificar como "perfecta". Pero con un poco de paciencia, con un poco de tiempo, poniendo en pausa la historia del arte, no es difícil encontrarse con obras maestras inacabadas. Esas obras ofrecen una perspectiva nueva sobre el objeto representado, nos dan una imagen diferente del artista que las ha concebido y ejecutado. Esas obras maestras inacabadas son, también, testigos excepcionales de una belleza que se nos propone, que se nos hace presente de un modo insólito.

Lo inacabado no tiene por qué ser una imperfección *sensu stricto*, algo radicalmente negativo, sino más bien una nota característica de todo aquello que rodea el universo de lo humano. Lo incompleto, lo inconcluso puede acoger también lo más valioso que tenemos: a la medida humana, la verdad, el bien o la belleza quizá jamás puedan ser vividas en plenitud; sin embargo, no hemos de renunciar a procurar alcanzar el máximo posible. Nuestra indigencia puede convertirse no en un defecto estructural, sino en el acicate que nos haga ser conscientes, al mismo tiempo, de nuestra grandeza y de nuestra poquedad: finitud y humildad son dos buenas herramientas para ponernos en camino a la búsqueda de la verdad; limitación y conciencia son dos palancas excelentes para comprometer nuestra acción en el cumplimiento del bien; pequeñez y fragilidad son dos buenas pistas para empezar a rastrear la belleza en las condiciones más ordinarias de nuestro día a día... Quizá lo inacabado sea un modo de poner a trabajar nuestros talentos, para construir entre todos un mundo en el que podamos llegar a ser quienes estamos llamados a ser.

A lo largo de la historia son innumerables las obras de arte inacabadas. Las circunstancias de ese hecho son muy variadas, pero nos ponen sobre aviso ante una evidencia: Bien, Verdad, Belleza son lo nuclear de nuestras vidas, son lo esencial de todo cuanto existe, pero justamente por eso, exceden con mucho las propias fuerzas. Hay artistas que han sabido interpretar esta evidencia antropológica como algo con sentido muy profundo, trayendo ante nuestra mirada lo inacabado como un modo de crear cuya fecundidad se abre más allá del individuo particular y se despliega a lo largo de la historia, de generación en generación.

El compromiso del arte con el bien, la verdad y la belleza puede ser radical. Gaudí afirmaba: *la Belleza es el resplandor de la Verdad. Como el arte es Belleza, sin Verdad no hay arte. Para encontrar la Verdad tienen que conocerse bien los seres de la creación.* Todo aquel que contemple una de las obras inacabadas más bellas de la historia, la *Sagrada Familia*, descubrirá que esta sentencia del arquitecto catalán se ha petrificado: la creación nos lleva a la verdad de los seres; y esa verdad es de una hermosura impactante. Por eso el arte embebido del esplendor de la creación es recreación verdadera de la hermosura, y eso, aunque el templo esté inacabado, aunque la gestación de la obra se prolongue durante más de un siglo.

Los seres humanos, cuando hacemos arte, sentimos ser depositarios de una fuerza única. Nos creemos tan poderosos que nos parece que podríamos unir a nuestro antojo cielo y tierra. El arte nos permite ser creadores de universos infinitos. Brueghel el Viejo interpretó esta capacidad excepcional del ser humano y la llevó más allá de sus límites cuando en su inacabada *Torre de Babel* nos pone ante una escena bíblica bien conocida. Ahora bien, en su tabla no solo contemplamos una historia del pasado, sino que lo que de verdad vemos es el ansia desmedida del hombre por ocupar el lugar de Dios. Babel es un nuevo Jardín del Edén en el que no nos conformamos con habitar en el Paraíso, sino que queremos ser como dioses, cayendo, una vez más, en la tentación del Maligno: *eritis sicut dii...*

El arte del mundo contemporáneo nos ha traído un modo de crear que ha suscitado tanta admiración como rechazo, tanta sorpresa como desagrado: la abstracción. La razón es bien sencilla. Lo no figurativo plantea demasiados interrogantes formales como para dar por sentado que una obra está acabada. ¿Dónde está el límite de la representación cuando los referentes objetivos del mundo han desaparecido? Mark Rothko dedicó buena parte de su vida a mostrar en sus lienzos que la capacidad de comunicación entre sus obras y el espíritu humano es algo muy propio y radical de la esencia del arte. La expresión y la impresión, lo externo y lo interno no están desconectados, aún más, lo propio del arte es activar en el ser humano una apertura a lo trascendente, y eso es posible hacerlo de un modo nunca visto, inacabado, inacabable, a través de veladuras y monocromos.

Un artista tan conocido como reconocido por su capacidad de producir belleza, en varias ocasiones nos dejó obras inacabadas, y no precisamente por desidia. Miguel Ángel Buonarroti era muy consciente de que no todo comenzaba ni terminaba en sus manos. En una carta escrita el 24 de octubre de 1542 —algunos dicen que dirigida al cardenal Alejandro Farnesio— podemos leer: «Monseñor, Vuestra Señoría me manda decir que pinte y no dude de nada. Yo respondo que se pinta con el cerebro y no con las manos, y quien no puede tener el cerebro tranquilo se condena». El florentino, que poseía una intuición estética única, persiguió toda su vida la idea de engendrar la belleza del cuerpo y la del alma, y al final de sus días se dio cuenta de que tal vez todo su empeño había sido en vano, porque solo Dios es Creador de lo visible y lo invisible…

Queremos, pues, recorrer un camino inacababable. Junto a Gaudí, Brueghel el Viejo, Rothko y Miguel Ángel vamos a transitar esas bellezas inacabadas que han resultado ser, con el paso del tiempo, bellezas extraordinariamente vivas, fecundas, porque gracias a ellas cada ser humano puede llegar a ser, puede llegar a ver, puede llegar a descubrir y descubrirse un nuevo mundo en el que aspirar a la vida buena, en el que contemplar la presencia de aquello que todo lo sostiene.

A partir de este instante, nada de prisas, despójate de las urgencias y arriésgate a ir de la mano de quienes han empeñado su arte en hacernos ver lo invisible en lo visible.

creación y recreación

se ha de preferir el pensamiento a la forma...

Antoni Gaudí

Desde antiguo, aquellos que se dedican a investigar el origen del universo nos han presentado diferentes modelos. Más allá de toda consideración desde el punto de vista de la química, de la física, de la biología, de la botánica, de la zoología..., más allá y más acá de la ciencia, la creación del mundo puede ser considerado como un acto de magnanimidad, de grandeza, de generosidad. Es como la prueba misma de que Dios quiere hacerse presente en medio de nosotros, no de cualquier modo, no de cualquier forma, sino majestuosamente, cariñosamente, ofreciéndonos una morada, un verdadero hogar, un espacio en el que desplegar todo el vigor de nuestras vidas.

En paralelo, la obra humana de mayor envergadura tal vez sea la construcción de un templo. Esa tarea no solo supone el reto arquitectónico de diseñar un recinto habitable, sino que es —al menos aspira a serlo— el desafío de crear una casa para Dios, la casa de Dios. Hace pocos años, el lunes 15 de abril de 2019, asistíamos con estupor a un espectáculo realmente desagradable: la catedral de Notre Dame de París comenzó a arder. Era por la tarde, en torno a las 18:51, cuando las llamas comenzaron a levantarse hacia el cielo de la capital francesa violentamente y, poco tiempo después, la aguja que coronaba la catedral y el tejado se derrumbaron. La columna de humo era tan densa que parecía envolver el templo en una especie de aura apocalíptica.

La primera piedra se había puesto el 24 de marzo de 1163 bajo el papado de Alejandro III (c. 1105-1181) siendo obispo de París Maurice de Sully (c. 1105-1196). Todos los medios de comunicación estaban paralizados ante un evento de tal magnitud. Estábamos asistiendo en directo a un hecho insólito, increíble, impensable. Quizá las catedrales son, por naturaleza, obras inacabadas, porque en ellas la acción artística es incesante a lo largo de la historia. Sin embargo, en esos momentos todos conteníamos la respiración, porque una de las obras de arte más bellas de todos los tiempos estaba a punto de colapsar, parecía que el fuego iba a destruirla por completo. Los bomberos declararon a la prensa que el origen del incendio podría estar relacionado con las tareas que se estaban haciendo en el interior del edificio —algunos arreglos de mantenimiento y restauración—, porque esas obras siempre están vivas, son bellezas inacabadas por naturaleza.

Desde ese mismo instante, las personas comenzaron a enviar dinero para su reconstrucción: en las primeras veinticuatro horas se recaudaron más de ochocientos millones de euros... Belleza inacabada, belleza destruida, belleza reconstruida... Días antes de la Navidad de 2024, el 8 de diciembre, monseñor Laurent Ulrich, arzobispo de París, consagraba el nuevo altar de Notre Dame, rodeado de un buen número de obispos de diversas partes del mundo y de sacerdotes de todas las parroquias de la ciudad, cuyos estandartes engalanaban las naves.

Más allá de trágicos accidentes, una de las obras de arte que en nuestros días destaca tanto por su belleza como por su estado de no finalización es, sin duda alguna, el Templo Expiatorio de la Sagrada Familia de Barcelona. Antoni Gaudí (1852-1926), quizás el arquitecto que mejor ha sabido unir naturaleza y geometría, fe y capacidad proyectiva, imaginación y observación, siempre sostuvo que la belleza es el resplandor de la verdad, aún más, que sin verdad no hay arte. En 1883 aceptó la dirección de la construcción del Templo que se había iniciado un año antes. La obra caló de tal manera en él que modificó totalmente el proyecto previo e hizo de él su mayor obra, su obra maestra.

El librero Josep Maria Bocabella, (1815-1892) de la mano del sacerdote Josep Manyanet y Vives (1833-1901) —canonizado en 2004—, fundador de las congregaciones de Hijos de la Sagrada Familia y de las Misioneras Hijas de la Sagrada Familia de Nazaret, fueron los inspiradores del proyecto. El autor intelectual de la idea de la construcción fue Manyanet, que en su obra *El espíritu de la Sagrada Familia* (1869) hacía expreso el deseo de edificar un templo en Barcelona dedicado al culto de la Familia de Nazaret. En 1866, Bocabella había fundado la Asociación Espiritual de Devotos de San José. Ambos caminos se cruzaron. En 1871 el librero visitó a Pío IX en Roma, y fue a Ancona, al santuario de Loreto, que custodia la casa de José y María. Diez años más tarde, en 1881, compró un solar con el fin de levantar allí el templo. Desde sus orígenes fueron las limosnas y los donativos los que permitieron empezar la obra. Este hecho es hermoso, pero también deja entrever las dificultades para desarrollar y mantener el ritmo de las obras, que han padecido desajustes y parones que han ido alargando el despliegue del proyecto.

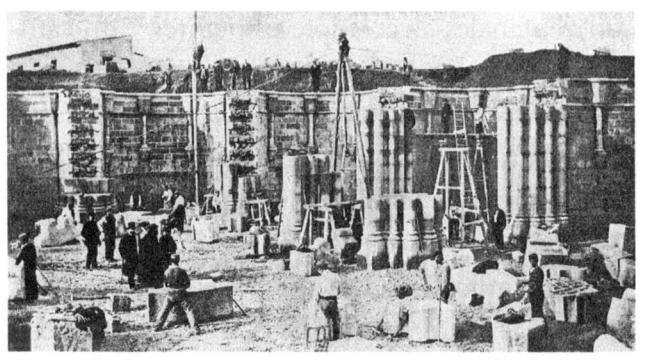

Las obras de la Sagrada Familia en 1883. En la foto aparece el primer arquitecto, Francisco del Villar / Wikimedia.

La Sagrada Familia es piedra viva, es el fruto hermoso del poder creador del ser humano, es el resultado de la unión de muchas voluntades, de muchas horas de trabajo cansado, de muchas oraciones y, especialmente, de la generosidad de miles de personas que han creído en un proyecto excepcional. Al acercarnos a su historia, podemos tener la sensación de que, en muy diversos momentos, lo que se percibe es la presencia de la Providencia. La obra arranca de las manos de Francisco de Paula del Villar y Lozano en 1882, quien, desviándose del planteamiento de Bocabella, que quería hacer una réplica del santuario de Loreto, diseña un espacio neogótico de tres naves, con ventanales alveolados, arbotantes y un campanario de unos 100 metros en forma de aguja.

En presencia de José María Urquinaona, obispo de Barcelona, se colocará la primera piedra el 19 de marzo de 1882, festividad litúrgica de San José. Las obras comenzarán el 25 de agosto de 1883, adjudicadas a Macari Planella i Roura. Las diferencias entre promotores y arquitecto fueron creciendo hasta que Villar renunciará definitivamente. En un primer momento, la obra se ofrece a uno de sus asesores más cercanos, Joan Martorell, pero este no acepta. Contra todo pronóstico, un joven Gaudí asume la dirección el 3 de noviembre de 1883, tal vez gracias a la propia recomendación de Martorell, para el que había trabajado como ayudante en varias ocasiones. Lo único que se había construido hasta esa fecha era parte de la cripta. A partir de entonces, el proyecto dio un giro total: Gaudí hizo cambios sustanciales. En realidad, lo rehizo todo, excepto la orientación del edificio, que, aunque también hubiera querido cambiarla, ya no pudo, por el estado de la construcción. La primera misa se celebró en la cripta, en la capilla de San José, el 19 de marzo de 1885.

Toda su vida, los cuarenta y tres años que tenía por delante, se dedicó a esta obra en cuerpo y alma, especialmente sus últimos tres lustros. Durante los meses finales de su vida estaba tan absorto en su labor que vivía en el propio taller del templo. Desde el principio tuvo la sensación de que aquella obra requeriría un tiempo del que él no disponía, por eso no quería desperdiciar ni un sólo instante. Siempre tuvo conciencia de que el proyecto era descomunal, que estaba dando a luz algo que perduraría, que se haría en el tiempo, que había tenido un comienzo concreto pero que se iría desplegando poco a poco. Al final de sus días, aún sin saber que moriría pronto, decía: «No le es posible a una sola generación de alcanzar todo el Templo (sic), dejemos, pues, una tan vigorosa muestra de nuestro paso de modo que las generaciones que vengan sientan el estímulo de hacer otro tanto; y por otro lado, no los atemos para el resto de la obra [...]. Hemos hecho una fachada completa del Templo para que su importancia haga imposible dejar de continuar la obra» (Giralt-Miracle, 2012, 175-176).

Un Templo como el que él "veía" tenía que ir gestándose poco a poco, ir creciendo con lentitud, entre otras cosas porque en su propio despliegue el arquitecto iba haciendo evolucionar los planes. Le interesaba más la concepción de la obra que su ejecución. Sabía que tenía en sus manos de barro algo perenne. Estaba siempre pendiente de todo y de todos: entre 1908 y 1909 construyó y pagó de su propio bolsillo las *Escuelas* de la Sagrada Familia para que los hijos de los obreros que trabajaban en el templo, y los de los vecinos de los alrededores, pudieran ser educados allí mismo. Esas 9000 pesetas que le costó la construcción no fueron más que un modo de facilitar y dar a entender que lo que estaban construyendo les superaba a todos con creces.

En 1915, Francesco Ragonesi, nuncio del papa, visitó las obras, aunque la primera piedra de la nave no fue puesta hasta el 11 de diciembre de 1921. Gaudí solo pudo ver en vida la cripta, el ábside y la fachada del Nacimiento, aunque esta parcialmente, ya que solo pudo levantar la torre de San Bernabé. Pidió permiso para construir a lo alto y no en horizontal, para dejar como muestra, al menos, una pequeña parte que sirviera de inspiración. De otro modo no hubiera sido posible mostrar con claridad su verdadera idea. Siempre se rodeó de un gran equipo de colaboradores como los escultores Carles Mani, Llorenç Matamala, Joan Matamala, o el dibujante Ricard Opisso i Sala, que era su mano derecha a la hora de desarrollar planos y perfiles de figuras a escala. En 1926, tras ser atropellado por un tranvía, fue su ayudante Domingo Sugrañes quien se hizo cargo del proyecto.

Aunque el templo nació en gótico, Gaudí quiso modificarlo, porque para él este estilo era imperfecto, pues sus sistemas de sustentación, los pilares y los arbotantes, se alejaban de las leyes de la naturaleza. La clave para el arquitecto de Reus estaba en atender a la naturaleza, porque es la obra misma de Dios. Lo que nos encontramos en ella son formas geométricas regladas: el paraboloide hiperbólico, el hiperboloide, el helicoide, el conoide… La estructura perfecta no necesita de artificio, basta con observar detenidamente el tronco de un árbol o, como ha enseñado durante tantos años mi esposa, a mí y a sus alumnos de anatomía, basta con mirar un esqueleto humano. La fusión de la función y la estética es uno de los dogmas de su creatividad, que siempre estuvo muy unida a la mirada contemplativa de una naturaleza fecunda, y a su propia realidad existencial, muy pegada a la escasez de los recursos económicos que padecía, lo que le obligó tantas veces a buscar soluciones estructurales más inteligentes e innovadoras.

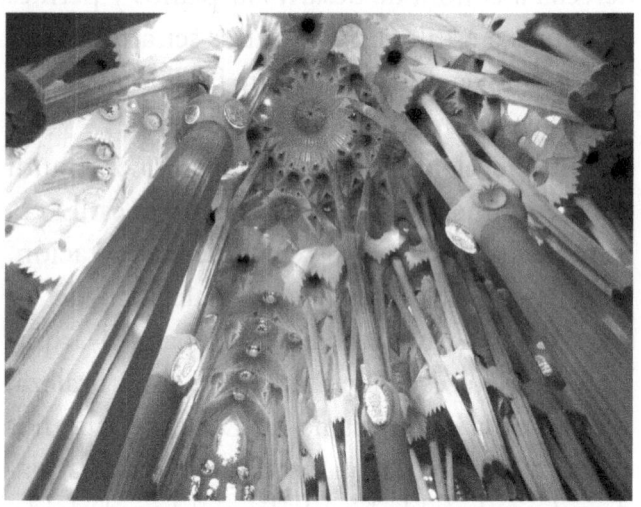

Bóveda de la Sagrada Familia / Canaan, Wikimedia.

La estructura del Templo, desde su concepción, ya denota una belleza inacabada, una belleza inacabable. La planta es en cruz latina de tipo basilical. El altar mayor está sobre la cripta. El presbiterio tiene un deambulatorio con siete capillas. El transepto tiene tres naves con los portales del Nacimiento, la Pasión y el cuerpo central, de cinco naves, se abre con el portal de la Gloria. Todo el interior es un bosque de columnas arborescentes de cuyos troncos salen las ramas que sustentan las bóvedas de hiperboloides que se entrecruzan. Las columnas están inclinadas de tal manera que no solo reciben mejor las presiones y los empujes, sino que ofrecen al visitante una sensación de estar en medio de la foresta. Así se lo explicaba él mismo a Lluís Bonet: «El interior del templo será como un bosque [...]. Los pilares de la nave principal serán palmeras; son los árboles de la gloria, del sacrificio y del martirio. Los de las naves laterales serán laureles, árboles de la gloria, de la inteligencia» (Giralt-Miracle, 2012, 213-216). El conjunto se cerrará con un claustro que, además de aislar al templo del exterior, proporciona un espacio litúrgico para desplegar ritos procesionales que demarcan la línea entre el espacio profano y el lugar sagrado.

Muy llamativas para la contemplación son las torres que van perfilando el templo. Un total de dieciocho agujas se elevan desde la tierra hasta el cielo. En cada una de las tres fachadas, cuatro torres, una por cada apóstol. En medio de todo, la torre cimborrio de 172,5 metros dedicada a Jesús, que ocupa la centralidad del programa iconográfico. Rodeándolo, otras cuatro torres, como despliegue de la Palabra, cada una dedicada a un evangelista y, finalmente, sobre el ábside, otro cimborrio con una torre dedicada a la Virgen María. Los perfiles de las torres son parabólicos, y poseen en su interior escaleras helicoidales que permiten dejar el espacio central libre para ser ocupado por unas campanas tubulares. Todo en esta obra es armonía, música, número, palabra viva, acción meditada que se va desplegando desde los cimientos hasta la antesala del cielo más alto; todo tiene esa cadencia medida que se despliega a lo largo del año litúrgico. Cada una de las piedras, de las esculturas, de los detalles, es un acto de alabanza, un canto agradecido a la mano creadora de un Dios todopoderoso que se muestra en la belleza, en esa belleza que sin estar finalizada nos recuerda nuestro propio fin. En esa belleza que, sin estar acabada, nos despeja el camino hacia nuestro propio origen.

Me gusta pensar que Antoni Gaudí pudo escuchar desde el cielo las palabras del papa Benedicto XVI cuando, el domingo 7 de noviembre de 2010, consagró la iglesia y el altar de la Sagrada Familia. En su homilía de la misa nos recordó:

«Hoy es un día consagrado a nuestro Dios; no hagáis duelo ni lloréis... El gozo en el Señor es vuestra fortaleza» (*Neh* 8,9-11). Con estas palabras de la primera lectura que hemos proclamado quiero saludaros a todos los que estáis aquí presentes participando en esta celebración [...].

Este día es un punto significativo en una larga historia de ilusión, de trabajo y de generosidad, que dura más de un siglo. En estos momentos, quisiera recordar a todos y a cada uno de los que han hecho posible el gozo que a todos nos embarga hoy, desde los promotores hasta los ejecutores de la obra; desde los arquitectos y albañiles de la misma, a todos aquellos que han ofrecido, de una u otra forma, su inestimable aportación para hacer posible la progresión de este edificio. Y recordamos, sobre todo, al que fue alma y artífice de este proyecto: a Antoni Gaudí, arquitecto genial y cristiano consecuente, con la antorcha de su fe ardiendo hasta el término de su vida, vivida en dignidad y austeridad absoluta. Este acto es también, de algún modo, el punto cumbre y la desembocadura de una historia de esta tierra catalana que, sobre todo desde finales del siglo xix, dio una pléyade de santos y de fundadores, de mártires y de poetas cristianos. Historia de santidad, de creación artística y poética, nacidas de la fe, que hoy recogemos y presentamos como ofrenda a Dios en esta Eucaristía [...].

Ser testigos de una larga historia nos compromete. Las horas de trabajo, los desvelos, las ilusiones, la generosidad de tantas personas... han hecho de este templo no sólo una basílica, sino una auténtica catedral, "la catedral de los pobres", como ya fue pintada en 1898 por Joaquim Mir, y en cuyo lienzo —hoy en el Museo Nacional de Arte de Cataluña, aunque pertenece a la Colección Carmen Thyssen-Bornemisza— se ve a personas de la calle compartir sus vidas con andamios y paredes a medio levantar. En el centro de la pintura una madre tiene a su hijo entre sus brazos, como si estuviésemos delante del mismísimo portal de Belén, como si cualquiera de nuestras familias estuviese siendo acogida por los muros de un templo que no se cierran, sino que nos rodean, como los brazos de esa madre acurrucan a ese niño.

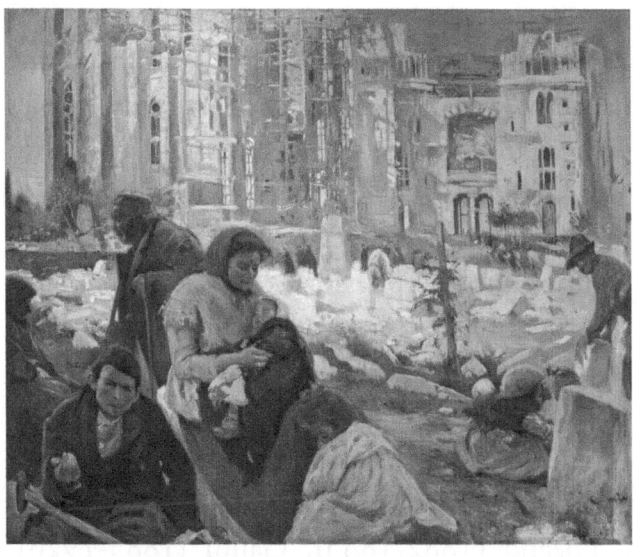

La catedral de los pobres, Joaquin Mir / MNAC.

¿Qué hacemos al dedicar este templo? —prosigue Benedicto XVI—. En el corazón del mundo, ante la mirada de Dios y de los hombres, en un humilde y gozoso acto de fe, levantamos

37

una inmensa mole de materia, fruto de la naturaleza y de un inconmensurable esfuerzo de la inteligencia humana, constructora de esta obra de arte. Ella es un signo visible del Dios invisible, a cuya gloria se alzan estas torres, saetas que apuntan al absoluto de la luz y de Aquel que es la Luz, la Altura y la Belleza misma.

Es bueno preguntarnos por el sentido de lo que hacemos. Cuando Benedicto pregunta qué es dedicar un templo, su respuesta es clara: es un acto de fe. Pero también es el fruto de la inteligencia humana, del trabajo bien hecho de equipos que han puesto su saber hacer y su ilusión, su inteligencia y su empeño en un proyecto que supera los cálculos humanos. La cadena de trabajadores ha sido como una respuesta agradecida, que ha intentado corresponder a una tarea infinita. Francisco de Paula del Villar y Lozano (1882-1883), Gaudí (1883-1926), Domingo Sugrañes (1926-1936), Francesc Quintana (1944-1966), Isidre Puig i Boada (1966-1974), Lluís Bonet i Garí (1974-1983), Francesc Cardoner (1983-1985), Jordi Bonet i Armengol (1985-2012), Jordi Faulí i Oller (2012-...) y tantos otros que han colaborado

con el amoroso cuidado de sus oficios de albañiles, escultores, pintores, vidrieros... Todo ese
esfuerzo humano es una resonancia atenuada
de la Gloria, pero, al mismo tiempo, todo un
gesto de compromiso, de fidelidad, de filiación.

En este recinto —prosigue el papa—, Gaudí
quiso unir la inspiración que le llegaba de los
tres grandes libros en los que se alimentaba
como hombre, como creyente y como arquitecto: el libro de la naturaleza, el libro de la Sagrada
Escritura y el libro de la Liturgia. Así unió la
realidad del mundo y la historia de la salvación,
tal como nos es narrada en la Biblia y actualizada en la Liturgia. Introdujo piedras, árboles y
vida humana dentro del templo, para que toda
la creación convergiera en la alabanza divina,
pero al mismo tiempo sacó los retablos afuera,
para poner ante los hombres el misterio de Dios
revelado en el nacimiento, pasión, muerte y resurrección de Jesucristo. De este modo, colabo-
ró genialmente a la edificación de la conciencia
humana anclada en el mundo, abierta a Dios,
iluminada y santificada por Cristo. E hizo algo
que es una de las tareas más importantes hoy:
superar la escisión entre conciencia humana y
conciencia cristiana, entre existencia en este

mundo temporal y apertura a una vida eterna, entre belleza de las cosas y Dios como Belleza. Esto lo realizó Antoni Gaudí no con palabras sino con piedras, trazos, planos y cumbres. Y es que la belleza es la gran necesidad del hombre; es la raíz de la que brota el tronco de nuestra paz y los frutos de nuestra esperanza. La belleza es también reveladora de Dios porque, como Él, la obra bella es pura gratuidad, invita a la libertad y arranca del egoísmo.

Gaudí fue un lector cuidadoso, atento a la sobreabundancia de sentido que la realidad le ofrecía, por eso no prescindió de ninguno de los "tres" libros que tenía ante sí: la naturaleza, la Escritura, la liturgia. El punto de encuentro de todos ellos es la acción amorosa de Dios: creación, revelación, consagración. Esos tres escenarios acrecientan tres actitudes que el arquitecto intenta transmitir: el *asombro* ante lo creado, como acto de donación que requiere una capacidad de observación capaz de dar cuenta de la excelencia de las criaturas; la *escucha* reverente de la palabra de Dios, que se revela, que sale al encuentro, que desea ser acogido, y poner entre los seres humanos su morada; el *respeto* ante la acción sagrada, porque la liturgia no es obra de los hombres, sino un obrar divino que en nosotros se hace, y ante el que debemos mostrar una delicadeza que se corresponda con la gracia recibida.

Hemos dedicado este espacio sagrado a Dios, que se nos ha revelado y entregado en Cristo para ser definitivamente Dios con los hombres. La Palabra revelada, la humanidad de Cristo y su Iglesia son las tres expresiones máximas de su manifestación y entrega a los hombres. «Mire cada cual cómo construye. Pues nadie puede poner otro cimiento que el ya puesto, que es Jesucristo» (*1 Co* 3,10-11), dice san Pablo en la segunda lectura. El Señor Jesús es la piedra que soporta el peso del mundo, que mantiene la cohesión de la Iglesia y que recoge en unidad final todas las conquistas de la humanidad. En Él tenemos la Palabra y la presencia de Dios, y de Él recibe la Iglesia su vida, su doctrina y su misión. La Iglesia no tiene consistencia por sí misma; está llamada a ser signo e instrumento de Cristo, en pura docilidad a su autoridad y en total servicio a su mandato. El único Cristo funda la única Iglesia; Él es la roca sobre la que se cimienta nuestra fe. Apoyados en esa fe, busquemos juntos mostrar al mundo el rostro de Dios, que es amor y el único que puede responder al anhelo de plenitud del hombre. Esa es la gran tarea, mostrar a todos que Dios es Dios de paz y no de violencia, de libertad y no de coacción, de concordia y no de discordia. En este sentido, pienso que la dedicación de este templo de la Sagrada Familia, en una época en la que el hombre pretende edificar su vida de espaldas a Dios, como si ya no tuviera nada que decirle, resulta un hecho de gran significado. Gaudí, con su obra, nos muestra que Dios es la verdadera medida del hombre. Que el secreto de la auténtica originalidad está, como decía él, en volver al origen que es Dios. Él mismo, abriendo así su espíritu a Dios ha sido capaz de crear en esta ciudad un espacio de belleza, de fe y de esperanza, que lleva al hombre al encuentro con quien es la Verdad y la Belleza misma. Así expresaba el arquitecto sus sentimientos: «Un templo [es] la única cosa digna de representar el sentir de un pueblo, ya que la religión es la cosa más elevada en el hombre».

Hablar hoy día de cimientos, de fundamentos, cuando lo que está de moda es lo "líquido", lo móvil, lo instantáneo, lo perecedero es, sin duda, ir a contracorriente. El Templo expiatorio es a la vez muestra de firmeza, de robustez, de fiabilidad, de resistencia, y una llamada de atención a perseverar en el camino que nos ha de conducir a Cristo como piedra angular que todo lo sostiene. La Sagrada Familia es testigo vivo de que Jesús es la roca sobre la que todo adquiere sentido, es la clave de bóveda en la que se unen lo humano y lo divino, porque Él mismo es verdadero Dios y verdadero hombre. La belleza siempre ha sido una aspiración a la plenitud que, en el caso de este templo, se nutre además de fe y de verdad, de esperanza y de alegría, de amor y de paz, tal y como se vivieron en la casa de Nazaret.

Esa afirmación de Dios lleva consigo la suprema afirmación y tutela de la dignidad de cada hombre y de todos los hombres: «¿No sabéis que sois templo de Dios?... El templo de Dios es santo: ese templo sois vosotros» (*1 Co* 3,16-17). He aquí unidas la verdad y dignidad de Dios con la verdad y la dignidad del hombre. Al consagrar el altar de este templo, considerando a Cristo como su fundamento, estamos presentando ante el mundo a Dios que es amigo de los hombres e invitando a los hombres a ser amigos de Dios. Como enseña el caso de Zaqueo, del que se habla en el Evangelio de hoy (cf. *Lc* 19,1-10), si el hombre deja entrar a Dios en su vida y en su mundo, si deja que Cristo viva en su corazón, no se arrepentirá, sino que experimentará la alegría de compartir su misma vida siendo objeto de su amor infinito.

El arte puede ser una vía eficiente para defender la relevancia de un hecho tristemente hoy muy cuestionado: el valor de la vida humana, que radica en la dignidad de la persona. Los seres humanos hemos salido de las manos de Dios. Aunque nos parezca increíble, Dios es nuestro Padre, y la historia de la creación se ve amplificada a cada instante en el nacimiento de las criaturas humanas como hijos muy queridos de Dios Padre. Nuestra inconsciencia, nuestra debilidad, nuestra propia soberbia nos llevaron a ser expulsados del Paraíso, la primera casa que Dios nos dio. En la casa de la creación, que es el mundo, el Padre nos regaló nada más y nada menos que el Jardín del Edén. Tras nuestro pecado y el exilio de esa primera morada, Dios Hijo se encarnó para hacer posible nuestra redención, que es tanto como decir nuestra re-creación. Y ese Dios que es Padre, nos volvió a dar de nuevo una "casa", la de José y María, en la que vivió y creció Dios Hijo, Jesús, el hijo que Dios Espíritu Santo engendró en el seno virginal de María. Si algo fue el hogar de la Sagrada Familia de Nazaret fue el ser ejemplo vivo de amor, oración y trabajo. El amor de Dios para con nosotros es también inacabado, porque jamás cesa y, además, se ha convertido en hermosura, en la sencillez de una vida en torno al hogar de un carpintero que vivía con su esposa y el Niño Dios. Benedicto XVI da la clave: si dejamos entrar a Dios en nuestra vida, en nuestro mundo, estaremos en condiciones de experimentar la alegría de un amor inacabable.

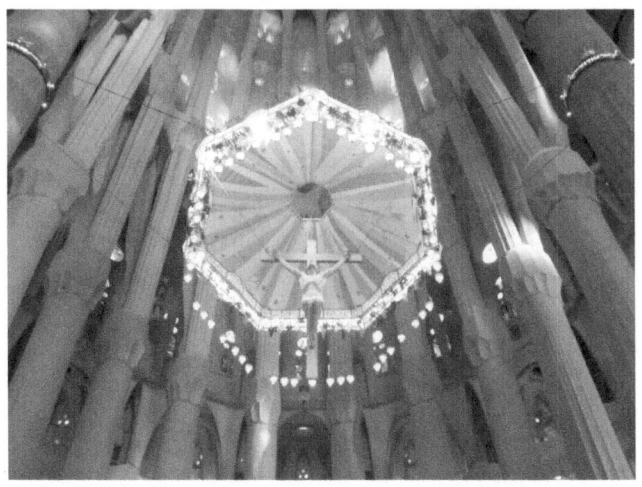

Jesús, Sagrada Familia / Caanan, Wikimedia.

Las bellas palabras del papa son equivalentes a la obra inacabada del arquitecto catalán que, a día de hoy sigue siendo un reto técnico, estético y teológico que nos deja atónitos, que abre nuestro corazón e ilumina nuestra mente para hacernos recordar cómo la razón y la fe son capaces de edificar una morada que quiere ser digna de acoger al Dios vivo. Nunca fue más hermoso el inconmensurable esfuerzo de la inteligencia humana que cuando ha sido puesto para honrar a la Sagrada Familia.

babelia o el desgaste
de la soberbia

por falta de sosiego, nuestra civilización
desemboca en una nueva barbarie…

Byung-Chul Han

A nuestras sociedades les repele todo lo que resulta extraño. Aquello que no forma parte de nuestro entorno produce en nuestros tiempos una sensación de desconfianza y, esto, además, en todos los órdenes: en lo biológico estamos atemorizados por invasiones de virus que puedan acabar con nuestras vidas; en lo social tememos que nuevas costumbres, que no son las de siempre, terminen siendo asumidas por nuestros jóvenes y reviertan el *statu quo*; en lo político nos produce pavor el hecho de que ideas que han sido desechadas hace décadas vuelvan a la palestra y se hagan hegemónicas en parlamentos y gobiernos; en lo estético estamos a la deriva entre los vaivenes de las modas y una especie de mal gusto que se va imponiendo sin que nadie levante la voz; en lo religioso los individuos pretenden alcanzar una autonomía que les permita ser como dioses en un mundo que, desde el siglo XIX se ha empeñado en enterrar a Dios... Nuestros tiempos no son tiempos de unidad, no son tiempos de globalidad, más allá de que existan organizaciones como las *Naciones Unidas* o hayamos creído vivir en la era de la globalización. Las enfermedades mortales de la humanidad no son ni el cáncer ni el ébola ni el coronavirus, sino el individualismo, el materialismo, el relativismo, que han vuelto a hacernos caer en la tentación edénica de querer ser quienes no somos, que nos han engañado haciéndonos comer el fruto de un árbol que no engendraba conocimiento del bien y del mal, sino ignorancia, miseria y destrucción. Siempre el ser humano anda a filo del final de su existencia cuando pierde de vista su naturaleza, cuando ignora su condición de criatura, cuando prescinde de su propia realidad y se empeña en ser quien no es, creyendo poder someter al mundo y a los demás bajo el dominio de su ego. Pero no es cosa de ahora, la soberbia nos acompaña desde antiguo.

Una de las aventuras más conocidas de la historia de la soberbia es narrada por la Biblia en el *Génesis*. El mensaje central de este libro es la elección de Israel como el Pueblo de Dios. Esta predilección comienza con Abrahán que en todo momento revela una fidelidad absoluta, hasta el punto de estar dispuesto al sacrificio de su propio hijo Isaac. Pero además el *Génesis* aborda asuntos centrales como la creación del mundo y del ser humano, el origen del mal, y todo ello sin dejar de lado la esperanza de la salvación. Dios es presentado como creador de lo visible y lo invisible, trascendente al mundo, pero sin olvidarse de cuidar en todo momento de su criatura más querida. Es la Palabra de Dios la que libera el mundo del caos y de la perdición, de la idolatría y la soberbia, de la confusión y el desorden. Cerremos los ojos, demos un salto en el tiempo de miles de años... y tomemos tierra:

Por aquel entonces toda la tierra hablaba una sola lengua y con las mismas palabras. Al desplazarse desde oriente encontraron una vega en el país de Sinar y se establecieron allí. Entonces se dijeron unos a otros:

—¡Vamos a fabricar ladrillos y a cocerlos al fuego!

De esta forma, los ladrillos les servían de piedras y el asfalto de argamasa.

Luego dijeron:

—¡Vamos a edificarnos una ciudad y una torre cuya cúspide llegue al cielo! Así nos haremos famosos, para no dispersarnos por toda la faz de la tierra.

Bajó el Señor a ver la ciudad y la torre que los hijos de los hombres estaban edificando; y dijo el Señor:

—Forman un solo pueblo, con una misma lengua para todos, y esto es sólo el comienzo de su obra; ahora no les será imposible nada de lo que intenten hacer. ¡Bajemos y confundamos ahí mismo su lengua, para que ya no se entiendan unos a otros!

De esta manera, desde allí el Señor los dispersó por toda la faz de la tierra, y dejaron de construir la ciudad. Por eso se la denominó Babel, porque allí el Señor confundió la lengua de toda la tierra, y desde allí el Señor los dispersó por toda la faz de la tierra (11, 1-9).

Cuando leemos el Antiguo Testamento, además de entrar en la historia sagrada, nos asomamos a la primera etapa de la humanidad. Uno de los asuntos que siempre nos preocupan es el hecho de la existencia del mal entre los hombres, nos inquieta —a día de hoy también— el crecimiento del mal entre la humanidad. Los capítulos octavo y noveno del *Génesis* son elocuentes (8, 21; 9, 20-27). La consecuencia directa es siempre la misma: la ruptura del género humano, la fractura que se abre en las personas. El resultado de los enfrentamientos siempre tiene las mismas consecuencias: dispersión, pobreza, ruptura. Eso que denominamos "la humanidad", que no es ni más ni menos que la unidad establecida originariamente por Dios para que vivamos en felicidad, en abundancia de bienes, en armonía con la creación, corre un riesgo cierto de aniquilación. El deterioro del medioambiente, la sobreexplotación de los recursos naturales, el maltrato físico y moral de unos individuos hacia sus semejantes, el olvido de la condición humana, la pérdida de respeto y el desprecio por lo verdaderamente valioso de la vida pueden llevarnos a hacer del mundo un auténtico infierno.

Cuando el *Génesis* habla de la humanidad todavía está mostrando la vida de los hombres como fruto de la unidad, como congregada por un mismo corpus de valores que la sostienen, la cuidan, la hacen fecunda. Hasta geográficamente, como símbolo de luz, de bienestar, de lugar propio y propicio, se sitúa en Oriente, donde habría tenido su origen: plantó Yahvé a oriente un Edén y colocó en él al hombre (Gn 2, 8). La humanidad se estableció en las llanuras de Mesopotamia, llamadas Sinar (Gn 10,10) y allí comenzó a desplegarse. Pero, a pesar de todos los dones recibidos, en lugar de ser agradecidos, la humanidad comienza a llenarse de orgullo y de soberbia. ¡Qué fácilmente nos olvidamos de que todo en nuestra vida es don o fruto del don recibido! Pronto, especialmente cuando todo marcha perfectamente, pensamos que lo bueno que nos pasa solo se debe a nosotros mismos. El olvido del don comporta también el desprecio de la Providencia, como si nos empeñáramos en expulsar a Dios de la vida de los hombres. Nuestra soberbia nos hace querer ser los únicos protagonistas de la historia, nos hace caer en falsas impresiones sobre lo que es la vida, nos hace preferir la fama al esfuerzo, nos hace creer que con nuestras solas fuerzas podremos garantizarnos un bienestar eterno, nos genera una sensación de seguridad que nos lleva a menospreciar a cualquier otro ser que no seamos nosotros mismos.

Esta es la actitud que queda reflejada en la construcción de la Torre de Babel, una torre imponente, como las torres–templo de Mesopotamia o los zigurats, que, en el fondo, son plataformas construidas por los seres humanos con el propósito de estar en conexión con la divinidad, pero no para adorarla o darle gracias, sino para dominarla, para hacer de dios algo manejable, para que el único dios sea el hombre.

El texto bíblico quiere explicar por qué existen tantas lenguas y por qué son tan diferentes unas de otras. La lengua es lo que da unidad a un pueblo, es uno de los factores que transmiten identidad, conocimiento. Si la lengua se fractura, el pueblo se divide, si las personas no comparten un modo de vida y de expresión nacen la incomprensión y el enfrentamiento entre los hombres y los pueblos. Babel no es una elección azarosa, sino que justamente se apoya en el significado popular de la palabra que Babel tiene: en hebreo *balbalah* remite a "confusión", aunque, en realidad, Babel significa «puerta de

Dios». La fractura de la humanidad es consecuencia directa de la soberbia y de la ambición, del orgullo y la vanidad.

Babel es sinónimo de disgregación, de ruptura, de confusión. En el otro extremo, Jerusalén, punto de encuentro, símbolo de unidad, de iluminación: «En los días futuros estará firme el monte de la casa del Señor, en la cumbre de las montañas, más elevado que las colinas. Hacia él confluirán todas las naciones, caminarán pueblos numerosos y dirán "Venid, subamos al monte del Señor, a la casa del Dios de Jacob. Él nos instruirá en sus caminos y marcharemos por sus sendas; porque de Sion saldrá la ley, la palabra del Señor de Jerusalén"» (Is 2, 2-3).

Quizá la narración bíblica de la construcción de la Torre se vio influenciada por la historia de la construcción de otro edificio, el templo de Etemenanki, de la que el pueblo hebreo pudo tener noticia durante el cautiverio de Babilonia. Tras la toma de Jerusalén y la destrucción del Templo, los judíos fueron deportados y no regresarán a su tierra hasta el edicto del rey persa Ciro en el año 538 a. C. Etemenanki era un templo dedicado al dios Marduk, edificado en Babilonia, y que tenía forma piramidal. Fue una obra colosal que necesitó de trabajadores procedentes de diferentes lugares. Hoy solo se pueden contemplar sus ruinas, pero sabemos que estaba compuesto por siete pisos y que su altura era realmente majestuosa (algunos investigadores afirman que se levantaba hasta los 60 metros, otros que llegaba hasta los 90).

El templo de Etemenanki tal vez ya existía antes del reinado de Hammurabi (h. 1792-1750 a. C.), ya que en el *Enûma Elish* —el poema babilónico sobre la creación del universo— se hace referencia a Esagila, el templo dedicado a Marduk y también a su esposa Serpanitu. Se conserva una inscripción datada en los tiempos del rey caldeo Nabopolasar (658 -605 a. C.) en la que se puede leer: «Marduk me ha ordenado colocar sólidamente las bases del Etemenanki hasta alcanzar el mundo subterráneo y hacer de este modo que su cúspide llegue hasta el cielo». En el siguiente reinado, el de Nabucodonosor II (642 -562 a. C.) se matiza que la cúspide del templo era de «ladrillos de esmalte azul brillante», para ser ya, aquí en la tierra, un pedacito de cielo.

Desde luego no ha sido tarea fácil localizar con precisión la torre de Babel. La primera opción era ubicarla en el territorio de lo que hoy es Irak, al oeste de Bagdad en Akar Quf, donde estuvo ubicada Dur-Kurigalazu, una ciudad, que había sido fundada por el rey de la dinastía casita Kurigalzu en torno al 1400 a. C., de la que los testimonios de muchos viajeros nos llevaron a encontrar relatos sobre la torre. Otra opción nos lleva hasta Mesopotamia en Birs Nimrud, donde podemos ver las ruinas de Borsippa, una ciudad antigua levantada a las orillas de un lago en la ribera oriental del río Éufrates, ciudad dedicada al dios Nabu, que en la mitología babilonia era el dios de la sabiduría. El arqueólogo alemán Robert Johann Koldewey en 1913 encontró una estructura en Babilonia que, según sus investigaciones, era la Torre de Babel. Destruida y reconstruida muchas veces por estar en medio de una zona estratégica, derribada por asirios y arameos, levantada por príncipes caldeos, lo cierto es que, aunque no conservemos la torre, lo que sí existen son testimonios y documentos en escritura cuneiforme, imágenes, restos arqueológicos que nos hablan de ese templo de Etemenanki que habría tenido una planta cuadrada o rectangular, escalonado con varios niveles de terrazas —lo más probable es que constara de siete plantas—, y que estaría coronado por un oratorio.

Heródoto de Halicarnaso (484-425 a. C.), aunque quizá no viajó a Babilonia, nos ha dejado en *Los nueve libros de la Historia* una descripción de la ciudad (I, CLXXVIII) y de la fachada de esta torre que, a su juicio, tendría unos 90 metros y estaría compuesta por siete niveles, rodeada por una gran muralla.

Fuera de la tradición bíblica canónica encontramos otros relatos que bien pueden ayudarnos a comprender la relevancia de la Torre de Babel en la cultura semítica. Escrito en torno al año 100 a. C. tenemos el *Libro de los jubileos*, también denominado *Leptogénesis* (pequeño génesis), escrito en hebreo y que, aunque para católicos, ortodoxos y protestantes en un texto apócrifo, forma parte del canon para la Iglesia ortodoxa etíope. Su descripción es muy precisa: «Comenzaron a construir y, en el cuarto septenario, cocían al fuego ladrillos que luego utilizaban como piedras. El cemento con que las unían era asfalto que brotaba del mar y de los pozos de agua en la tierra de Sennaar. Los constructores tardaron unos cuarenta y tres años: la altura fue de 5433 codos y dos palmos; la anchura, unos doscientos tres ladrillos, cada uno de una altura de un tercio de sí mismo; la extensión de un muro, trece estadios, y la del otro treinta» (10, 20-21).

En las *Antigüedades judías* —que vieron la luz en torno al año 93 de nuestra era— de Flavio Josefo, nacido en Jerusalén y muerto en Roma (c. 37-c. 100 d. C.) aparece la historia de la Torre de Babel. El tirano rey Nimrod ha construido una torre y quiere hacerse señor de cielos y tierra:

A burlarse y a despreciar a Dios los llevó Nebrodes, nieto de Cam el hijo de Noé, audaz y de potentes brazos. Impulsado por ello, trataba de persuadirlos a que no atribuyeran a Dios que le debían a Él su prosperidad, sino a que consideraran que era su propia valía la que se la daba y, en concreto, iba convirtiendo poco a poco la marcha de los asuntos en una tiranía, en la creencia de que sólo así libraría a los hombres del temor que les infundía Dios, si se dejaban llevar siempre de su poderío, y amenazaba con enfrentarse a Dios si quería volver a inundar la tierra, puesto que, según decía a sus gentes, edificaría una torre más alta de lo que pudieran subir las aguas, y tomaría represalias contra Él por la aniquilación de sus antepasados.

La masa estaba anhelosa de seguir la opinión de Nebrodes, por considerar una esclavitud someterse a Dios y, así, procedieron a edificar la torre sin mengua alguna de interés y sin mostrarse reacios a la obra. Y por la abundancia de brazos alcanzó altura antes de lo que habría cabido esperar. El grosor era tan voluminoso, sin embargo, que por causa de él resultaba achicada la altura aparentemente. Fue construida de ladrillo soldado con pez, para que no se derritiera. Dios, al verlos tan locos, no decidió hacerlos desaparecer por completo, porque tampoco habían entrado en razón por los que habían perecido primero, pero los metió en disputas al hacer que hablaran lenguas distintas y por la gran variedad de lenguas haciendo que no se entendieran entre sí. El lugar en que construyeron la torre hoy se llama Babilonia por la confusión que afectó a la claridad de la lengua primera. Pues los hebreos a la confusión la llaman *babel*. De la torre en cuestión y del cambio de lengua de los hombres hace mención también la Sibila en los siguientes términos: «Cuando todos los hombres hablaban la misma lengua, algunos de ellos construyeron una torre altísima; con intención de subir por ella hasta el cielo. Pero los dioses enviaron contra ellos a los vientos y así derribaron la torre, dando a cada uno de los hombres una lengua particular, razón por la que la ciudad en cuestión se llamó Babilonia». Y de la llanura llamada Senar, que se encuentra en tierras babilónicas, hace mención Hestieo, en los siguientes términos: «Los sacerdotes que lograron salvarse cogieron los objetos sagrados de Zeus Enialio y llegaron a Senar de Babilonia» (I, 4, 2-3).

En este breve recorrido no puede faltar el denominado *Apocalipsis de Baruc*, un apócrifo escrito en griego entre finales del s. I o comienzos del s. II, en el que Baruc, el escriba y secretario del profeta Jeremías, es conducido por el ángel Famael en una especie de viaje místico. En esa singladura nos narra:

Me tomó y me condujo hasta el lugar donde está cimentado el cielo, en el que había un río que nadie puede atravesar, ni siquiera un soplo desconocido de todos los que puso Dios. Me tomó y me condujo sobre el primer cielo y me mostró una enorme puerta a la vez que me decía:

—Entremos por ella.

Penetramos como con alas, una marcha como de treinta días de camino. Y dentro del cielo me mostró una llanura habitada por hombres.

Sus rostros eran de buey, los cuernos de ciervo, los pies de cabra y los lomos de cordero. Yo, Baruc, pregunté al ángel:

—Declárame, por favor, cuál es el grosor del cielo por el que caminamos o cuál es su distancia o qué significa la llanura, para que también yo se lo comunique a los hijos de los hombres.

Y me contestó el ángel, cuyo nombre era Famael:

—La puerta que acabas de ver es la puerta del cielo y su grosor es como la distancia que hay desde la tierra al cielo, e igual es la extensión de la llanura que viste.

Y añadió el ángel de las potestades:

—Ven y te mostraré secretos mayores.

Pero yo insistí:

—Explícame qué clase de hombres son estos.

Y me respondió:

—Estos son los que construyeron la torre de la lucha contra Dios (la Torre de Babel). El Señor los ha trasladado de sitio (2, 1-7).

Rostros de buey, cuernos de ciervo, pies de cabra, lomos de cordero... transfiguraciones que afectan al individuo que se aleja de su propia condición, imágenes que transforman a las personas en bestias. Sin embargo, cuando la soberbia desaparece y retornan la generosidad y la magnanimidad, cuando dejamos de pensar en pequeñeces y nos plantamos ante el horizonte de lo divino, lo que de verdad deseamos es que los seres humanos de todos los pueblos, de todas las razas, hablen la lengua que hablen, puedan vivir en paz, en alegría, en amor. Pero lo cierto es que la historia está llena de "Babeles", de ciudades que levantan muros para no recibir a quien viene de fuera; nuestro mundo está lleno de "Babeles" que prefieren emplear el lenguaje para atacar y condenar, y no para comunicar la verdad y construir el bien.

Pieter Brueghel el viejo (h. 1526/1530-1569) supo codificar hasta el más mínimo detalle el desvarío de la soberbia y el desgaste que produce en cada ser humano, y lo hizo de la manera más cuidada posible dejando, eso sí, como la Torre de Babel, una belleza inacabada. El Museo de Historia del Arte de Viena custodia esta obra ejecutada en 1563. El pintor flamenco nos sitúa ante una edificación majestuosa, y aunque todo está envuelto en un paisaje con el horizonte abierto, lo que destaca es una torre con una planta y una estructura sobrecogedoras, ocupando la centralidad de una tabla de roble de dimensiones importantes (114 x 154).

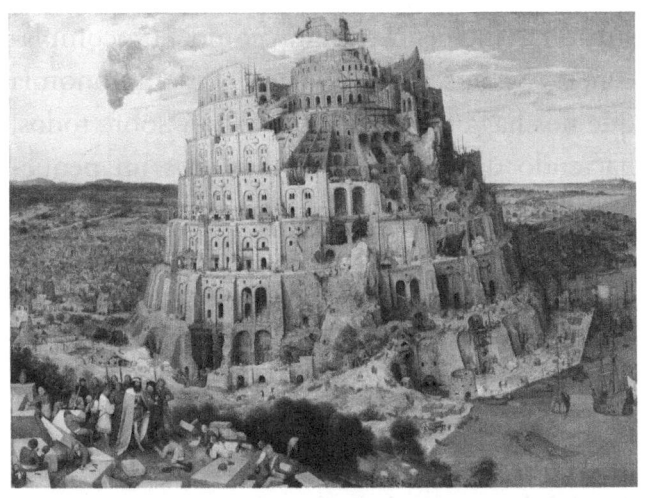

La Torre de Babel, Pieter Brueghel el Viejo / Wikimedia

Una mirada atenta comienza a descubrir un buen número de matices que nos permiten desencriptar el sentido que posee cada detalle.

En medio del siglo XVI, Brueghel llama nuestra atención sobre cómo la mera racionalidad fracasa a la hora de concebir el papel que Dios juega en nuestras vidas. Su mensaje tiene hoy en día aún mucha más fuerza. En momentos de confusión, de indefinición, de confrontación el ser humano tiende a querer ser el único protagonista de la historia. Se olvida de Dios. Niega cualquier perspectiva de análisis que no sea la suya. La increencia aflora como autocompla-cencia. Se busca una malentendida autonomía que nos haga señorear sobre todo y sobre todos, haciendo de cada uno de nosotros un peque-ño-gran tirano que no atiende a razones. Tan-tas veces construimos nuestras babeles sobre los éxitos personales. Tantas veces levantamos con los sillares de nuestra vanidad estandartes que no tienen ni valor ni fundamento alguno. Tantas veces volvemos a querer ser como dioses que cae-mos en la tentación del descuido, del des-cuida-do, del des-amor, de la des-esperanza...

Brueghel corona la Torre con una nube que no solo simboliza la pretensión de alcanzar el firmamento, sino que representa el deseo de dominarlo todo. No obstante, justamente gra-cias a la ubicación de esa nube, es por lo que nos damos cuenta de que la torre está inacaba-da y que quiere rasgar el cielo. Tal vez, debido a la geometría de la composición, cuando fija-mos nuestra mirada en la obra por primera vez, todo nos parece perfecto, acabado, grandio-so y, sin embargo, la nube es el testigo de que hay imperfección, de que algo ha salido mal... Más allá de problemas estructurales debidos a la ejecución de la arquitectura, lo que la obra transmite es el fracaso de un proyecto, de un modo de vida.

La solidez de la ingeniería romana en los detalles constructivos —arcos, rampas, elevadores, escaleras, máquinas…— o la forma que adquiere la fachada de la torre nos hace recordar al Coliseo. Para los romanos, este era un lugar de triunfo, de celebración, de diversión. Pero para los cristianos es un espacio simbólico en el que muchos han dado su vida por mantener sus creencias, es un lugar de martirio, es un lugar en el que se constata la verdadera distancia entre la vanagloria de lo profano y la verdadera Gloria. Cuando uno mira la torre la percepción que tiene es que está ante una estructura de cilindros concéntricos que se superponen en siete niveles. Pero no es así: la torre es una espiral ascendente. Y, además, hay otro detalle escalofriante: los cimientos y los primeros niveles no están bien terminados. El edificio ha ido creciendo hacia lo alto con toda rapidez sin asentar sólidamente su cimentación, como si cada nivel se fuese olvidando del que le sustenta.

Como ajeno a todos estos problemas, un altivo rey Nimrod, rodeado de su guardia y su séquito, visita la construcción, mientras los trabajadores se arrodillan ante él en señal de sumisión total. El rey se quiere presentar grandioso, hasta luce una capa de piel y unas vestimentas lujosas, entre las que destacan unas botas especialmente llamativas, pintadas con la precisión de un miniaturista. En su mano derecha porta el cetro, y bajo la capa se puede ver la empuñadura de su espada, que destella tanto como la corona que lleva ceñida en su cabeza. En clara correspondencia simbólica, la torre se nos hace ver descomunal en su escala. Si la comparamos con los edificios que aparecen en la tabla, sus dimensiones casi microscópicas, incluso los grandes barcos del puerto parecen diminutos. Toda la extensión de esa Babilonia —que podría estar teniendo como modelo Amberes...— parece nada, toda esa gran ciudad de la antigüedad parece un poblado amorfo e irrelevante a los pies de una Torre destinada a llegar hasta el cielo mismo.

Disputas religiosas, políticas y sociales inspiraron también *La Pequeña Torre de Babel* (1563) que podemos visitar en el Museo Boijmans Van Beuningen de Rotterdam. En ese momento los Países Bajos vivían un momento de inquietud. Pieter, un católico convencido, veía en ella la imagen misma de la arrogancia humana, y aprovechó en esta segunda versión para mejorar algunos aspectos arquitectónicos y acentuar lo nefasto de un destino en el que el ser humano se enfrente a Dios. Los colores terrosos, los azules, la presencia mucho más acentuada de las nubes, casi negras, nos hacen ver un escenario mucho más trágico que el de la Gran Torre.

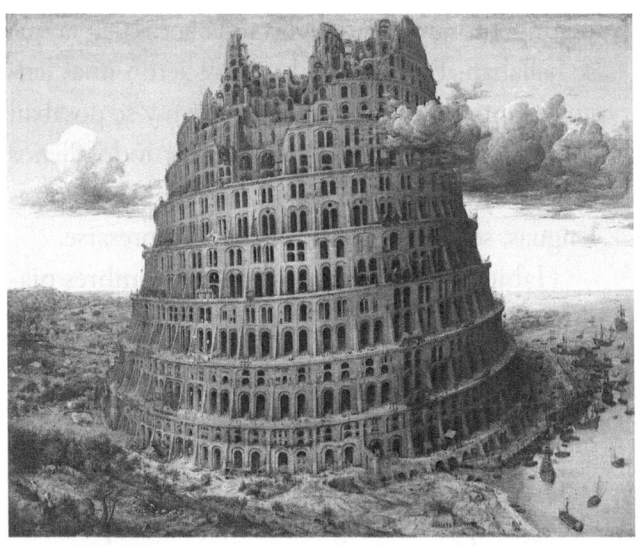

Construcción de la torre de Babel (Génesis 11, 3-5) / Wikimedia.

Afortunadamente, para nosotros, Babel no es la estación final, no es en esa ciudad en la que nuestro viaje termina. Desde la perspectiva cristiana, gracias a la muerte y a la resurrección de Cristo el ser humano habita en otra ciudad que no es Babilonia, sino la "Ciudad del Espíritu" que es la Iglesia:

Al cumplirse el día de Pentecostés, estaban todos juntos en un mismo lugar. Y de repente sobrevino del cielo un ruido, como de un viento que irrumpe impetuosamente, y llenó toda la casa en la que se hallaban. Entonces se les aparecieron unas lenguas como de fuego, que se dividían y se posaban sobre cada uno de ellos. Quedaron todos llenos del Espíritu Santo y comenzaron a hablar en otras lenguas, según el Espíritu les hacía expresarse.

Habitaban en Jerusalén judíos, hombres piadosos venidos de todas las naciones que hay bajo el cielo. Al producirse aquel ruido se reunió la multitud y quedó perpleja, porque cada uno les oía hablar en su propia lengua. Estaban asombrados y se admiraban diciendo:

—¿Es que no son galileos todos estos que están hablando? ¿Cómo es, pues, que nosotros les oímos cada uno en nuestra propia lengua materna? Partos, medos, elamitas, habitantes de Mesopotamia, de Judea y Capadocia, del Ponto y Asia, de Frigia y Panfilia, de Egipto y la parte de Libia próxima a Cirene, forasteros romanos, así como judíos y prosélitos, cretenses y árabes, les oímos hablar en nuestras propias lenguas las grandezas de Dios.

Estaban todos asombrados y perplejos, diciéndose unos a otros:

—¿Qué puede ser esto?

Otros, en cambio, decían burlándose:

—Están bebidos (Hch 2,1-13).

Podemos asumir que la Biblia es la palabra que Dios quiere dirigir a todo hombre, y cuando nos ponemos a la escucha de esa Palabra —al contrario que en Babel, donde solo queremos oír nuestra propia voz—, todos somos capaces de recuperar la ilusión, las fuerzas, las ganas, porque vengamos de donde vengamos, cada uno percibimos el mensaje en nuestra propia lengua, porque el amor de Dios es nuestra lengua materna. Y esto es don. Y ese don lo mantiene vivo en la historia de la humanidad la Iglesia, signo o sacramento de la unión de los hombres con Dios, y de la unidad de todo el género humano (Concilio Vaticano II, *Lumen gentium*, n. 1). No hay otra unidad más auténtica que la de cada ser humano con su Padre, no hay unidad más hermosa que vivir en las manos de Dios en medio de los hombres.

negro inacabable

*nuestros antepasados descubrieron un día
lo bello en el seno de la sombra...*

Junichiro Tanizaki

La historia del arte, desde una perspectiva occidental, se ha empeñado en sostener que la belleza es blancura, brillo, resplandor. El aliado de la belleza ha sido la luz, como si todo hubiese de estar a la vista, aparecer radiante, como si todo necesitara ser explícito para existir. La luz y el blanco son los triunfadores de cierta historia del arte —la del mármol de Carrara y la *lana philosophica* de los óleos con óxido de zinc—, de cierta historia de la filosofía —esa que se empeña en esclarecer todo con las solas luces de la razón—, de esas historias, en definitiva, en las que la mente preclara que sigue el seguro camino de la ciencia todo lo precisa, porque pule, fija y da esplendor con la misma precisión que un bisturí láser. Quizá por eso el negro pasa tan desapercibido, como si no fuese algo visible, como si no existiera, como si para poder ser contemplado tuviésemos que cerrar los ojos.

Lo inacabable es, entre otras cosas, aquello que no deja ver su fin..., como el negro de Rothko en los paneles de la *Capilla* de Houston. Si en los albores del cristianismo el Pseudo-Dionisio puso ante nosotros la inmensidad de la teología negativa, ese saber-no-sabiendo acerca de Dios en la *divina tiniebla*, uno de los aventureros más audaces del arte contemporáneo, a mediados de los años sesenta del siglo xx, se atrevió a recrear una atmósfera en la que acoger en la profundidad del silencio pictórico la presencia de lo divino. El color negro, el no color, es tanto como el silencio. En la *Teología mística* el Areopagita nos da las claves de su verdadero sentido contemplativo: «Ójala me sea concedido esto, y tú, amigo Teófilo, con un continuo ejercicio de la contemplación mística abandona las sensaciones y las potencias intelectivas, todo lo sensible e inteligible y todo lo que es y lo que no es, y, en la medida posible, dejando tu entender, esfuérzate por subir a unirte con aquel que está más allá de todo ser y conocer.

En efecto, si te enajenas puramente de ti mismo y de todas las cosas con enajenación libre y absoluta, habiendo dejado todo y libre de todo serás elevado hasta el rayo supraesencial de las divinas tinieblas» (2007, I, 245).

Mark Rothko (1903-1970) es un artista que huía de ser encasillado. Si hablamos de su obra como expresionismo abstracto, la reducimos injustamente a una etiqueta historiográfica que no da razón de su esencia. Descubrió la pintura a los veinte años y, a esa edad, ya había tenido experiencias vitales profundas que fueron marcando su modo de ser y de sentir. A diferencia de sus hermanos, que fueron educados en escuelas públicas, a los cinco años acudió a un Jéder —así se denomina en hebreo la escuela elemental en la que se enseña a los niños los fundamentos del judaísmo—. En esos momentos en Letonia los judíos eran culpados de todas las cosas malas que sucedían, incluso fueron perseguidos y atemorizados por los cosacos de la Rusia zarista. James Breslin cuando escribe la biografía del pintor nos trae un recuerdo muy impactante: «Los cosacos se llevaron a los judíos del pueblo hacia los bosques y les hicieron cavar una fosa común [...]. Imaginé esa tumba cuadrada tan claramente que no estaba seguro de si realmente la masacre ocurrió durante mi existencia. Siempre estuve atormentado por la imagen de esa tumba y que de alguna manera profunda estaba encerrada en mi obra pictórica» (Breslin, 1993, 17). Cuando uno observa la presencia de los rectángulos en los lienzos de Rothko, cuando escucha estas palabras de su infancia no puede dejar de sentir escalofríos.

Su padre emigra a Estados Unidos en 1910 para escapar de las purgas cosacas, y él junto con su madre viajarán en 1913. Ingresó en la escuela Failing y dos años más tarde en la Shattuck Elementary School. La secundaria la cursará en la Lincoln High School de Portland. La vida universitaria comienza en 1922 con una beca en Yale con la intención de cursar Derecho e Ingeniería. Al parecer fue objeto de varios ataques antisemitas, lo que le llevó a fundar, junto con otros estudiantes, una revista clandestina para defenderse: *The Yale Saturday Evening*. En 1923 deja la universidad sin haber tomado ni una sola clase de arte. Se traslada a Nueva York y allí entró en contacto con la *Liga de estudiantes de arte*: «Un día resultó que presencié una clase de arte [...]. Todos los estudiantes estaban realizando un esbozo de una modelo desnuda, y en ese momento decidí que esa era mi vida» (Breslin, 1993, 54). En 1925 comenzó a formarse en la New School of Design de Nueva York. Allí, Arshile Gorky y Max Weber le causaron una impresión radical, y le permitieron descubrir cómo el arte puede ser un modo privilegiado de expresión emocional y religiosa.

Entre 1929 y 1952 impartió clases de pintura y escultura en Center Academy de Brooklyn. En esos años conoce a Adolph Gottlieb, Barnett Newman, Joseph Solman, John Graham y más adelante, en 1935, junto a Ilya Bolotowsky, Ben-Zion, Lou Harris, Ralph Rosenborg, Louis Schanker y algunos otros formarán *Whitney Ten Dissenters*. Aun así, siempre fue un artista inclasificable, que transitó del realismo al surrealismo, y de ahí a configurar un modo propio de expresión único en el que el color se va apoderando de la figuración hasta hacerla desaparecer. La clave no está en un proceso evolutivo plástico, sino en algo mucho más radical: hace de su forma de vivir, de actuar, de pensar, de creer un modo de pintar, en el que el arte y el espíritu establecen un coloquio íntimo, inagotable, interminable. A partir de los años cuarenta, cuando nos ponemos ante sus obras, tenemos la sensación de no estar frente a algo, sino de ser absorbidos hacia su interior. La creación que mejor representa esta fusión de arte y espíritu, en la que se destila una belleza inacabada excepcional, es la *Rothko Chapel* de Houston, un proyecto que nace de la generosidad del matrimonio de Menil. Esta es, a grandes trazos, la historia.

En una fiesta en Versalles se encuentran por primera vez Dominique y John de Menil. Ella había estudiado Matemáticas y Física en La Sorbona. Él tuvo que abandonar sus estudios superiores para poder echar una mano en casa tras la muerte de dos hermanos en la Primera Guerra Mundial; tenía un título nobiliario, sí, pero pocos recursos económicos. Se enamoraron y se casaron. Les cambió por completo la vida. John era católico y Dominique se convirtió. A ambos les fascinaba el arte contemporáneo, incluso encargaron a Max Ernst un mural para su casa. Poco a poco, arte y fe se fueron complementando de un modo radical, gracias a la influencia del padre Marie-Alain Couturier, dominico, pintor y teórico del arte. La ocupación alemana de Francia provocó que los de Menil en 1941 emprendieran viaje a Estados Unidos. Se establecieron en Houston.

De la mano de su amigo Couturier empezaron a comprar arte contemporáneo, llegando a hacer una colección extraordinaria. A partir de 1945 comenzaron un periplo por Europa visitando lugares emblemáticos: Notre-Dame de Toute Grâce d'Assy del arquitecto Maurice Novarina, en cuya decoración participaron Pierre Bonnard, Marc Chagall, Henri Matisse, Georges Braque, Fernand Léger, Georges Rouault; otra escala fue la parroquia del Sacré-Coeur à Audincourt, también de Novarina, con obras de Léger y Jean de Moal; no faltó una escala en Notre-Dame du Haut de Le Corbusier; y, finalmente la Capilla del Rosario de Matisse en Vence.

El arte sacro se revelaba, también de la mano de artistas contemporáneos, como un camino seguro para ir más allá de la mera plasticidad, y con la capacidad de mostrar el ámbito espiritual más profundo. Así es como surge la idea de apoyar como mecenas la construcción de un espacio religioso. Los de Menil habían colaborado con la Contemporary Arts Association y tras establecer lazos con la Universidad de St. Thomas en Houston decidieron apoyar su Departamento de Arte. En 1964 se tomó la decisión de edificar una capilla, más concretamente una capilla católica, cuyo arquitecto sería Philip Johnson, que ya había trabajado diseñando una casa para el matrimonio en 1948. El interior iba a ser encargado a Mark Rothko, al que Dominique conocía desde 1959 cuando visitó su estudio para poder ver los lienzos que estaban siendo pintados para el edificio Seagram de Nueva York, aunque el propio pintor canceló el encargo al enterarse de que de sus trabajos iban a ser empleados como mera decoración del restaurante.

El 13 de febrero de 1965 Rothko firma el contrato —por 250 000 dólares— para hacer los lienzos de una capilla universitaria, de un lugar dedicado al recogimiento, al crecimiento espiritual, un espacio destinado a la meditación, la oración y el silencio… El proyecto era muy concreto: un edificio de planta octogonal, inscrito en una cruz griega, con un estanque, que servía como de camino iniciático, que contendría una escultura, *Obelisco roto* de Barnett Newman. La iluminación de la capilla dependería de una claraboya en el techo que permitiría la entrada de luz para contemplar tres trípticos, uno en el lado norte, otro en el lado este y otro en el lado oeste, entre los que habría cuatro paneles entre medias, y un quinto panel en el lado sur. La planta se asemejaba, no por casualidad, a la basílica del Santo Sepulcro de Jerusalén, y la claraboya a la cúpula de la Anástasis sobre el Edículo.

Las obras fueron pintadas entre 1965 y 1967 en su estudio de la calle 157 East con la 69, sobre unas paredes de dimensiones exactas a las de la ubicación definitiva. Preparó todo un gran espacio con telas grises, como si fueran paracaídas, para regular la luz y clonar las condiciones espaciales y lumínicas de lo que iba a ser el lugar de ubicación de las piezas. Su taller era un antiguo garaje para carruajes que tenía una cúpula central a unos 15 metros de altura por la que entraba la luz de sol. Rothko tabicó ese gran espacio para poder trabajar con las medidas idénticas a las del espacio final, y de este modo engendrar la obra en las mismas condiciones en las que iba a ser contemplada.

Desajustes intelectuales entre los comitentes y los padres Basilios que estaban al frente de St. Thomas hicieron que las obras no finalizaran hasta 1970. Los de Menil dejaron de apoyar el Departamento de Arte e iniciaron un nuevo mecenazgo con el Institute of Religion and Human Development, lo que modificó el proyecto, que dejó de ser una capilla católica para convertirse en un espacio ecuménico. Como tampoco con el Instituto se llegó a un acuerdo total, la solución definitiva fue que se constituyó una institución propia e independiente, cuyo objetivo era el de reconciliar el arte contemporáneo con lo absoluto, con lo sublime, con lo sagrado: así nació propiamente la *Rothko Chapel*.

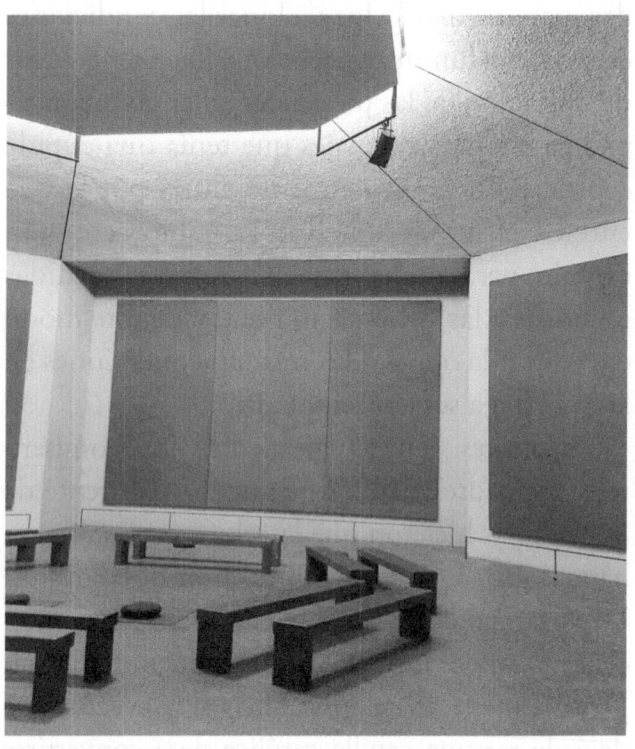

Interior de Rothko Chapel / Alan Islas.

La geometría de la capilla tiene toda la carga simbólica de la historia el cristianismo: con la cruz griega y el octógono viene a la memoria la iglesia de los Santos Apóstoles, el *Apostoleion*, levantada originariamente en torno al 335-339 para ser el mausoleo del emperador Constantino; y su simplicidad formal recuerda a los *martyria*, esas pequeñas iglesias de planta central en las que se custodiaban los restos de los primeros mártires. Es muy fácil establecer vínculos con otros templos emblemáticos de la cristiandad de oriente y occidente: el de los Santos Sergio, Baco y Leontinus en Estambul (526), conocido como la Pequeña Santa Sofía; San Vital de Rávena (548); el mausoleo de Diocleciano en Spalato, que en el siglo VIII fue convertido en iglesia; la Capilla Palatina de Aquisgrán (805); la cabecera de Santa María de las Flores y Santa María de los Ángeles, ambas en Florencia. Una iglesia que impactó al propio Rothko fue la de Maria Assunta, en la isla de Torcello, cuya arquitectura bizantino-veneciana y también sus mosaicos tienen una capacidad evocadora fascinante. El octógono de la capilla de Houston dejó de ser un espacio exclusivamente de confesión cristiana católica y se fue abriendo hacia otras religiones, pero lo que siempre quiso ser lo sigue siendo: un lugar en el que el espíritu de los seres humanos pueda encontrar recogimiento y diálogo con la trascendencia.

Rothko en todo momento fue consciente de que la obra que comenzaba tenía algo de inacabable. No por su factura física, plástica, técnica, sino porque suponía que la acción artística iba a abrir un camino sin fin hacia el hombre interior. Una capilla no es un espacio cualquiera. Sus propias palabras son esclarecedoras: «Sólo si entendemos o poseemos la sensibilidad para habitar el espacio concreto en el que se circunscribe una pintura, seremos capaces de percibir en toda su magnitud la actitud del artista frente a la realidad. El espacio es entonces la manifestación plástica primordial de cómo concibe la realidad el artista, la categoría más inclusiva de la declaración del artista. Se podría incluso decir que es la clave para entender el cuadro. Comporta una declaración de fe, una unidad a priori, a la cual se subordinan todos los elementos plásticos» (Rothko, 2004, 95).

Si el espacio artístico resultó ser un espacio profundamente contemplativo fue porque desde su génesis el propósito superó con radicalidad lo estético. Los catorce paneles son un viático hacia una realidad superior. En ellos hay mucho más que la maestría de un pintor que abrió nuevas vías en la expresión artística con una paleta y unas veladuras inusuales. También encontramos en su obra la huella de sus lecturas filosóficas y teológicas, como lo confirman las palabras de Dore Ashton: «Mark me ha hablado de su nuevo estudio y del encargo recibido para una capilla católica para los de Menil. Leyó, hace ya algunos años, la Patrística, Orígenes por ejemplo. Le gusta, dice, el *ballet* de sus pensamientos y el modo en que todo sube como por escaleras. Habla de hacer que Oriente y Occidente se fusionen en una capilla octogonal... Es esa ocasión donde poder controlar verdaderamente su trabajo, algo que siempre ha querido [...]. Lo hermoso en Mark es su aspiración, aún es capaz de creer que su trabajo puede tener algún propósito —espiritual, si quieres llamarlo así— que no está mancillado por el mundo» (Breslin, 1993, 460).

Un trabajo no mancillado por el mundo, una obra con propósito espiritual, unos lienzos con la capacidad de bailar con los Padres de la Iglesia y hacerlos actuales, unas veladuras en las que están presentes lo mejor y lo más puro de Oriente y de Occidente. No hacen falta discursos museográficos; sus obras están en solitario; no hay un objetivo pedagógico; ni siquiera es un lugar sometido a la tiranía de las cifras de visitantes que condicionan ciertas políticas artísticas de las instituciones culturales... Lo único relevante es la experiencia total: abrir el ser humano a lo sagrado. La única compañía de sus telas serán las oraciones de los fieles, la celebración litúrgica, el silencio recogido de quienes visiten ese lugar para conectar, de algún modo, con el misterio.

La entrada al octógono se realiza a través de dos puertas muy sencillas, como si demarcaran el límite de un rito de iniciación, como si establecieran una demarcación entre lo mundano y lo sagrado. En el interior, los catorce paneles de un púrpura, marrón y negro inacabable, catorce lienzos prácticamente monocromos, como queriendo ser testigos de una presencia que está, como en esa divina tiniebla, allende la luz misma. Más allá de cualquier consideración sobre teoría de la proporción, más allá de toda reflexión plástica sobre el poder de la forma, entrar en la *Capilla* de Houston supone una inmersión en una atmósfera única en la que todo parece fruto de la divinidad: el orden que allí se manifiesta es una obra materializada del espíritu. El tríptico del ábside, en la pared norte, el único de los tres en que los paneles están perfectamente alineados, ya que en los otros dos la tabla central se eleva unos centímetros, es como un retablo místico. Su lienzo central es de un púrpura un poco más claro que los que le rodean, que lo enmarcan gracias a un tono más oscuro que le conectan con los paneles de los muros contiguos.

Los trípticos latelares, al este y al oeste, son de un color negro casi completo, salvo porque parecen enmarcados en un color rojizo oscuro. Precisamente negro y rojo son los colores del lienzo sur, el mural más estrecho. Está flanqueado a ambos lados por otros dos paneles, en los que destaca el mismo púrpura del elemento central del tríptico norte. El diálogo entre cada elemento se asemeja a ese baile que el pintor letón percibía en los textos de los primeros grandes teólogos de la Iglesia. Entre unos y otros se establecen vínculos aparentemente imposibles, pero entre los que se percibe una conectividad inmaterial. Quizá todo nace en el ábside, que ejerce como de punto de referencia en el que se concentra todo, y desde allí comienza a latir en cada uno de los lados del edificio, en cada uno de los paneles. Enfrentados unos a otros sentimos la sensación de un movimiento de fusión, como si entre cada uno de ellos se estableciera un vínculo vital.

Cielo, tierra, quietud, movimiento, oscuridad, claridad… toda la *Capilla* está como en un *tempo* armónico, se experimenta un flujo del espíritu que va de un lado a otro, de un negro al púrpura, del púrpura al negro, como en espejo, como con la sensación de que algo acontece, aparece, se desvela: «Porque ahora vemos como en un espejo, veladamente, pero entonces veremos cara a cara» (1 Cor 13, 12). Esta obra de arte es un gesto casi litúrgico, como una especie de ensalmo, de advocación, de llamada que nos permite abandonar la exterioridad e impulsa a nuestra alma hacia el interior de cada panel. Ya no somos espectadores, sino que habitamos el lienzo. Rothko lo había dicho ya sin ambages en una conferencia pronunciada en el Pratt Institute de Nueva York en noviembre de 1958: *los cuadros grandes te meten dentro de sí*, y si en ellos domina el negro, aún más.

Uno no participa de los lienzos de este pintor si está "frente a ellos", porque si no se percibe que todo lo que contemplamos es obra, si todo aquello que alcanzamos a ver no nos envuelve, no habremos entrado propiamente en la obra. El propio Rothko decía que su arte estaba hecho para ser mirado a 45 centímetros. Esta es una distancia que a los guardas de los museos les llevará a pensar que estamos a punto de cometer algún acto vandálico, pero es la condición de posibilidad de dejar de estar fuera del cuadro para pasar a estar dentro de él.

En su discurso en la dedicación de la *Rothko Chapel* Dominique de Menil abrió su corazón y dijo: «Creo que las pinturas nos dirán a cada uno lo que debemos pensar de ellas si les damos una oportunidad. Toda obra de arte crea el clima en que debe entenderse [...]. A primera vista puede que nos decepcione la falta de atractivo de los cuadros que nos rodean. Pero cuanto más convivo con ellos, más impresionada estoy. Rothko quería conferir a sus pinturas el máximo vigor posible, un vigor que solo consiguió arrancarles del alma. Quería que fueran íntimas e intemporales. Y en verdad son íntimas e intemporales. Nos envuelven sin encerrarnos. Sus superficies oscuras no paralizan la vista. Una superficie clara es activa y, en consecuencia, inmoviliza el ojo. Pero con estas tonalidades rojas y marrones somos capaces de ver más allá, somos capaces de mirar hacia el infinito. Vivimos acribillados por imágenes y solo el arte abstracto puede conducirnos al umbral de lo divino. Rothko necesitó un gran valor para pintar cuadros negros como la noche. Pero creo que ahí justamente residía su grandeza. Los pintores solo llegan a ser insignes gracias al valor y al tesón. Piensen en Rembrandt, en Goya, en Cézanne [...]. Quizá sean estas las pinturas más bellas que creara Rothko» (Baal-Teshuva, 2024, 74-75).

Su pintura es un acto místico, porque nos lleva en directo hacia el horizonte, especialmente en la *Capilla*. Uno puede preguntarse ingenuamente: ¿cómo es posible crear imágenes repletas de sentido sin iconos?, ¿cómo hacer presente el espíritu en la materia?, ¿cómo no dejar rastro del pincel si eres pintor?, ¿qué hay en su paleta para que los colores estén vivos? Pues bien, parte del secreto está en su forma de trabajar. La imprimación que ordinariamente emplean quienes pintan al óleo es la siguiente: al preparar los lienzos el elemento básico es la cola de conejo, que se obtiene cociendo durante mucho tiempo partes de animales troceadas y lavadas —pieles, huesos, cartílagos…—; cuando se enfría queda una pasta muy gelatinosa que se filtra y se deja secar hasta que se convierte en una masa sólida. El siguiente paso es añadir a esta cola alumbre, porque la hace resistente a la humedad, y fungicida. Dos capas de imprimación caliente hacen que el lienzo se tense, que no absorba el pigmento pero sí se adhiera.

Rothko cambió este procedimiento. Su técnica consistía en aplicar capas de cola de conejo caliente con el propio pigmento diluido. El resultado fue que la pincelada desapareció. El color queda como suspendido en la cola traslúcida. Si sobre esa base se aplican más pinturas —diluidas en trementina— con sutileza, el efecto final es que el trazo se difumina absolutamente, y, más que masa de color, lo que tenemos es una especie de soplo cromático. Si el pigmento es el negro, lo que obtenemos es la visibilidad del espíritu…

El negro del que hablamos es mucho más que un pigmento, es una experiencia vivencial. Sus obras cromáticamente están vivas. «Su primera obra oscura se ennegreció por accidente, y a partir de ahí el resto de su obra se oscurecería por decisión voluntaria. La del oscurecimiento de Rothko es una gran historia, porque responde en parte a una elección atrevida de pigmentos y técnicas por parte del artista» (García Bello, 2024, 177). La fuerza de ese negro inacabable es como el latir que se siente cuando nos acercamos, cuando nos adentramos en el libro de Job:

Por esto se me estremece el corazón a punto de
   salirse de su sitio.
Escuchad bien el estrépito de su voz
y el ruido que sale de su boca.
Por todo el cielo lanza su fulgor
y su brillo alcanza el extremo de la tierra.
Tras Él ruge su voz,
Dios hace tronar con voz de majestad
y no retiene sus rayos
cuando se ha escuchado su voz.
Dios hace tronar con voz maravillosa,
hace cosas grandes que no conocemos.
Manda a la nieve: «¡Cae sobre la tierra!»,
y a la lluvia del aguacero: «¡Arrecia!».
Recluye a todo hombre bajo sello
para que todos reconozcan sus obras.

El animal entra en su guarida
y se cobija en sus cubiles.
De los recintos del sur viene el huracán
y de los vientos del norte el frío.
Al soplo de Dios se forma el hielo
y la superficie del agua se congela.
Él lanza desde el nublado los rayos
y las nubes esparcen su fulgor.
Estas giran y giran
siguiendo sus mandatos
para ejecutar en la faz de la tierra
todo lo que Él les impone:
o como castigo severo a su tierra,
o como signo de favor,
consigue sus objetivos.
Escucha esto, Job,
detente y medita las maravillas de Dios.
¿Sabes acaso cómo gobierna Dios
para que la nube muestre su fulgor?
¿Conoces algo del equilibrio de las nubes,
maravilla de inteligencia perfecta?
¿Cómo se calientan tus vestiduras
cuando por el solano se aletarga la tierra?
¿Puedes extender con Él la bóveda del cielo,
sólida como espejo de metal fundido? (*Jb* 37, 1-18)

La vida humana en este mundo tiene un comienzo y un final. El 26 de febrero de 1970, la primera página del *New York Times* traía la noticia de que había sido encontrado el cuerpo sin vida de Mark Rothko en su estudio de la calle 157 East con la 69, ese mismo lugar en el que había ejecutado sus iconos más puros. Quien el día anterior se había encontrado su cuerpo fue Oliver Steindecker, su asistente. Ya no podía pintar, pero su obra estaba más viva que nunca, se había convertido en inmortal, muy especialmente estos lienzos de la *Capilla* de Houston, que no cesan de ser un espacio fuera del tiempo en el que poder dar a luz, desde un negro inacababable, la fuerza del espíritu.

Por si todo esto fuera poco, la *Chapel* no ha cerrado su esencia, su voz no ha cesado, no cesará, porque suena, se transfigura en sonido y no por azar. Rothko era un «pintor que aspiraba a ser músico» (Rothko, 2015, 169). Los de Menil encargaron al compositor e íntimo amigo de Mark, Morton Feldman, una pieza que hiciese audible el ritmo total de las pinturas. Feldman compuso una obra dividida en cuatro partes para coro, viola y percusión. Todo comienza con una larga obertura declamatoria. Tras ella podemos escuchar una sección más estática, quizá abstracta, en la que los protagonistas son el coro y las campanas. La tercera parte es un interludio para soprano, viola y timbal. Por último, asistimos a un final lírico para viola que es acompañada por un vibráfono y a los que, como en un collage, se une el coro.

El 9 de abril de 1972, un domingo por la tarde, con la orquesta del Corpus Christi dirigida por Maurice Peress y actuando como solistas Karen Philips en la cuerda y el percusionista Raymond Des-Roches se estrenó. Christopher, el hijo de Mark es quien apunta que «en la capilla encontramos una sola voz, cantando una melodía que ha compuesto ella misma. Una canción compuesta para un tiempo y un lugar precisos [...]. Para que esta voz sea lo más poderosa posible, lo mejor es no decir nada. [...]. Podemos aprender de la pieza de Feldman, porque aquí el silencio se siente verdaderamente [...]. Feldman y Rothko eran arquitectos a la par que artistas. Igual que mi padre, él percibió en la capilla que el espacio alrededor de las pinturas les daba forma mucho más de lo que hacen ellas mismas. Feldman nos muestra que es el espacio, el silencio alrededor de las notas, el que da forma a la música» (Rothko, 2015, 125).

Debemos ser agradecidos con quienes, en estos tiempos nuestros tan frívolos, tan superficiales, tan de sucedáneos, nos han legado un acceso a lo auténtico, nos han facilitado toda una inmersión en lo sagrado. A Rothko le debemos la calidad trascendental y trascendente de una pintura que nos recuerda, aún hoy, que toda vida humana puede estar a expensas de una epifanía inminente, que ya no tendrá fin…

misericordia *non finita*

hay bellezas que surgen en abierto
desafío de las reglas...

Roger Scruton

Douris fue un pintor del s. v a. C. que comenzó
trabajando para Cleofrades y Eufronio, dos re-
conocidos ceramistas cuya especialidad era la de
hacer bellísimos *kílix*. Estas piezas eran emplea-
das para beber vino. Su cuerpo era poco profundo y muy ancho, con dos grandes asas. Aunque
nos parezca mentira, en uno de esos vasos nos
dejó una de las imágenes más sugerentes del arte
antiguo: Memnón, rey de Etiopía, asesinado por
Aquiles en venganza por matar a Antíloco —el
hijo de Néstor— durante la Guerra de Troya, es
recogido en los brazos de Eos —la diosa de la
Aurora—, su madre, que está desgarrada de dolor, y no cesa de llorar amargamente por la muerte de su amado hijo. Sus lágrimas fueron tantas,
que las podemos ver cada fría mañana en forma

de pequeñas gotas de rocío. Además, en este kílix aparece la *Etiópida*, uno de los poemas épicos —atribuido desde antiguo a Arctino de Mileto— que componen el denominado Ciclo troyano, en el que se narran las vicisitudes de la Guerra desencadenada por el rapto de Helena a manos de Paris. Belleza y dolor llevan apareciendo en las artes desde la noche de los tiempos, como si el ser humano no pudiera renunciar a contar grandes historias a través de cosas pequeñas, como un simple vaso…, pero muy hermosas.

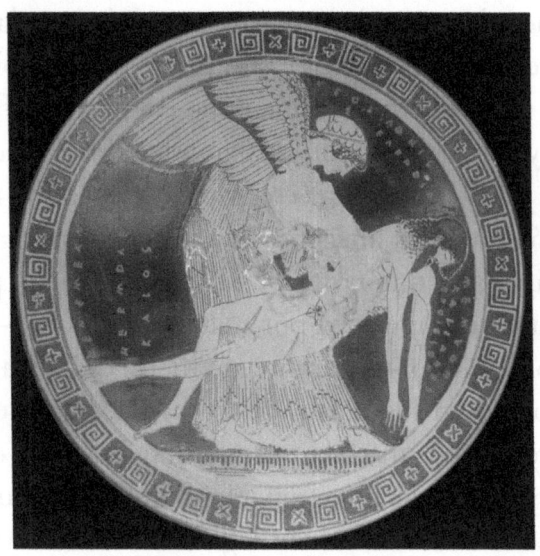

Memon pieta / Wikimedia.

La vida humana suele ser medida en años, pero cuando descendemos a lo que realmente nos importa, los hechos, la escala varía, se hace mucho más exigente, más diminuta y llega a distinguir con claridad instantes, que pueden albergar buenas dosis de belleza. La duración de un instante es, de suyo, intederminada, y puede ser diminuto o prolongarse hasta alcanzar una dimensión sublime. Quien siempre estuvo atento a la *terribilità* de lo humano y lo divino, aún más, quien fue capaz de capturarla en la pintura y en la escultura fue Miguel Ángel Buonarroti (1475-1564). En una vida tan larga como la suya hay espacio para que sucedan cosas interesantes, especialmente si atendemos a la descripción con la que Giorgio Vasari arranca la biografía del artista florentino:

> Mientras que los espíritus industriosos y egregios se esforzaban con la luz del celebérrimo Giotto y sus seguidores por dar al mundo la prueba del valor que la benignidad de las estrellas y la mezcla proporcionada de humores había concedido a sus ingenios y, deseosos con imitar la excelencia del arte la grandeza de la Naturaleza, para alcanzar todo lo posible esa suma sabiduría que muchos llaman inteligencia, universalmente, se

esforzaban en vano, el muy benigno Rector del Cielo volvió los ojos con clemencia a la tierra, y al ver la vana infinidad de tantos esfuerzos, los muy ardientes estudios sin fruto alguno y la opinión presuntuosa de los hombres, más alejada de la realidad que las tinieblas de la luz, para resarcirnos de tantos errores se dispuso a mandar a la tierra un espíritu que universalmente en cada una de las artes y en todas las profesiones mostrase habilidad, que obrando por sí solo mostrase la complejidad de la ciencia de las líneas, la pintura, el juicio de la escultura y las invenciones de la verdaderamente agraciada arquitectura. Y, aparte de esto, quiso acompañarlo de la auténtica filosofía moral, del ornamento de la dulce poesía, para que el mundo lo eligiese y admirase como su más singular espejo en la vida, en las obras, en la santidad de las costumbres y en todas las acciones humanas (Vasari, 2001, 367).

Más allá de cualquier otra consideración, nadie se atrevería hoy a cuestionar a Buonarroti. Queda aún más que clara esta admiración en *Le Vite de' più eccellenti Architetti, Pittori et Scultori Italiani da Cimabue insino a' tempo nostri descritte in lingua Toscana da Giorgio Vasari pittore Aretino, con una sua utile & necessaria introduzione a le arti loro*, cuya primera edición se publica en Florencia en la imprenta de Lorenzo Torrentino en 1550. En esta enciclopedia de artistas geniales en la que aparecen, entre otros, Giovanni Cimabue, Giotto, Paolo Uccello, Lorenzo Ghiberti, Masaccio, Filippo Brunelleschi, Donatello, Piero della Francesca, Fra Angelico, Leon Batista Alberti, Fra Filippo Lippi, Andrea Verrocchio, Sandro Botticelli, Andrea Mantegna, Leonardo da Vinci, Giorgione de Castelfranco, Antonio da Correggio, Bramante o Rafael de Urbino, Vasari decide incluir solo a un artista vivo: Miguel Ángel. «Y que nadie se extrañe de que yo haya relatado aquí la vida de Miguel Ángel estando él aún vivo, porque, como no se espera que deba morir ya nunca, me ha parecido conveniente hacerle este escaso honor, que cuando bien abandone el cuerpo, como el resto de los hombres, no encontrarán nunca la muerte sus inmortales obras, cuya fama vivirá siempre gloriosamente mientras dure el mundo, por medio de las bocas de los hombres y de las plumas de los escritores, a pesar de la envidia y a pesar de la muerte» (Vasari, 2001, 400).

Cada año, en la universidad, al comenzar mis clases de Estética, al intentar repensar la disciplina como la ciencia del conocimiento sensible cuyo objeto es la belleza, siempre les digo a mis estudiantes que cierren los ojos y me digan qué es lo que ven cuando piensan en belleza a oscuras... Suelen desahogar su sensibilidad con naturalidad, y dicen cosas tales como el amor, un amanecer... Invariablemente mencionan también obras de arte: una de esas que jamás falta a la cita al experimentar la belleza a ojos cerrados es *La Pietà*. Yo asiento, e incluso exclamo histriónicamente: ¡¡¡Completamente de acuerdo!!! Ellos respiran complacidos, como si acabaran de sacar muy buena nota en un examen sorpresa. Como es lógico, la que ellos tienen en su archivo mental es *la vaticana*, pero justamente ya los tengo donde quiero, ya han caído en mi trampa. A partir de ese instante, en lugar de mostrarles *su* Piedad, les muestro la mía... *la Rondanini*. La mayoría nunca la ha visto, y al tener ante sus ojos una obra como a medio hacer, un bloque de mármol sin terminar, se encogen de hombros y me preguntan ingenuamente: ¿pero eso le parece de verdad belleza?, ¿por qué?

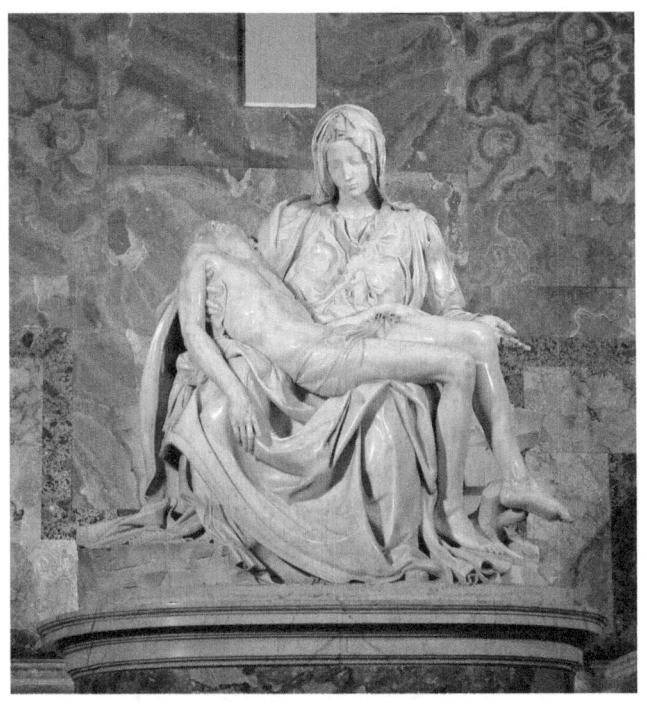

Pietà / Stanislav Traykov.

No seré yo quien niegue la hermosura de esta obra, pero quiero que desde el primer día aprendan a mirar de otro modo. Lo que me gusta de mi oficio es que cuando uno pretende enseñar, lo que hace es aprender. Estamos muy acostumbrados a ver el mundo, a los demás, las obras de arte, en definitiva. Lo habitual es ver todo con unos ojos que no son los nuestros. La historia de la estética está repleta de definiciones sobre la belleza que no se apartan de factores como la proporción, la regularidad, la armonía, la simetría, el orden… Todas esas formulaciones se han cosificado en nuestro interior, y apenas gozamos de una experiencia personal, actualizada de eso que la belleza hace en el ser humano. Aún más, nos parece imposible que algo que se salga de la norma, del canon, pueda parecernos bello. Pero la hermosura está mucho más allá del cliché, mucho más allá de eso que nos parece único, acabado, insuperable, perfecto. Prueba de ello es que cuando *La Piedad* vaticana fue agredida y mutilada, el 21 de mayo de 1972, seguía siendo muy bella. Quizá sus heridas amplificaban nuestra experiencia estética y nos hacían notar, aún con más fuerza, la esencia de su hermosura.

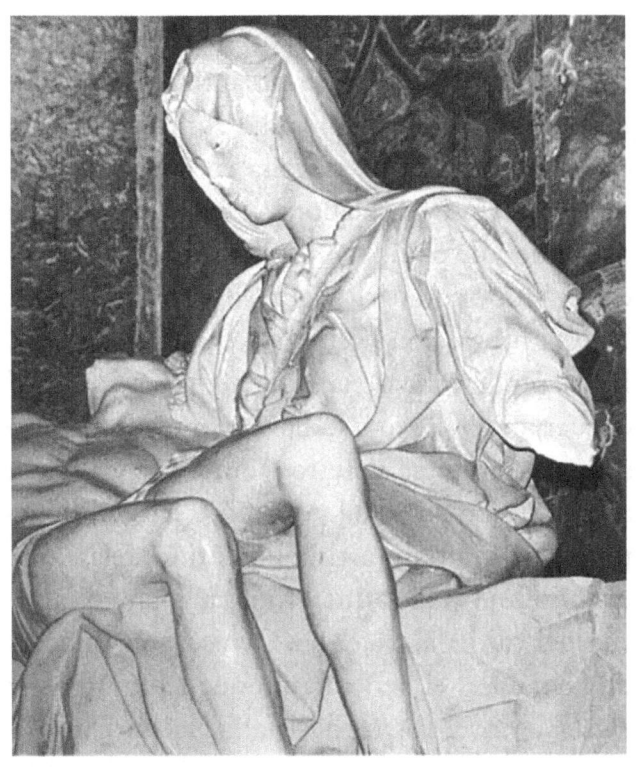

Pieta en el Vaticano después de un acto vandálico, 1972 /
Wikimedia.

Hay algo sorprendente en esta obra: la Virgen
no llora, a diferencia de Eos, sino que transmite
una serenidad sobrecogedora. Su cara da la sensación de estar consolada por un amor sobrenatural, refleja esa inocencia que da la pureza de

alma y cuerpo, ese ser limpios de corazón con el que las *Bienaventuranzas* garantizan que quienes lo poseen ven a Dios. La composición del conjunto de la obra, inscrita en una forma piramidal, también colabora a enviar un mensaje de solidez, de equilibrio, como si todo estuviera en su sitio, como si Madre e Hijo estuvieran bajo la protección y el amparo de Dios Padre. La mano derecha de la Virgen aprieta contra sí el cuerpo de Cristo y lo lleva a su regazo, como si aún no hubiese muerto, como si lo estuviera acunando en su seno. Ascanio Condivi, discípulo y biógrafo del artista florentino, relata que cuando uno de los que acompañaban en la visita del cardenal de Saint Denis, Jean Bilhères de Lagraulas, el benedictino que le encargó *La Piedad*, vio el rostro de María, le hizo un reproche al artista diciendo: ¿dónde se ha visto una madre más joven que su hijo...? A lo que Miguel Ángel contestó con firmeza: *In Paradiso...* Quizá le vinieron a la cabeza los versos de Dante en la *Divina Comedia*:

Vergine Madre,	*¡Virgen y madre,*
figlia del tuo figlio,	*hija de tu hijo,*
umile e alta più che	*alta y humilde como*
creatura,	*no hay criatura*
termine fisso d'etterno	*del acuerdo eternal*
consiglio,	*término fijo!*
tu se' colei che l'umana	*Tú ennobleciste la*
natura	*humana natura,*
nobilitasti sì, che 'l suo	*tanto, que en su*
fattore	*grandeza el Hacedor,*
non disdegnò di farsi	*no desdeñó encarnar*
sua fattura.	*su propia hechura.*

(Paraíso, Canto XXXIII)

En 1499 la pieza se coloca en la iglesia de Santa Petronila, donde será enterrado el cardenal Bilhères. Posteriormente se traslada la obra a la vieja sacristía de San Pedro en torno a 1517. Luego se exhibirá en el coro (1568), en el altar de los Santos Simón y Judas, hasta que en 1749 será colocada en su ubicación actual.

Miguel Ángel tenía este tema de la Virgen con su hijo muerto en brazos metido en el alma. Hasta el punto de que elige esta iconografía para la que iba a ser su propia sepultura. La composición ahora la modificó. La denominada *Piedad de Florencia* tiene en el centro a Cristo yacente, que parece escurrirse de los brazos de Nicodemo —aunque hoy se sostiene que en realidad es José de Arimatea, porque más que una Pietà es un descendimiento—. A ambos lados, María Magdalena y la Virgen María. La cara del artista, del propio Buonarroti, es la de Nicodemo, el fariseo miembro del Sanedrín. En el Museo Isabella Stewart Gardner de Boston se conserva un dibujo al carboncillo que hizo para Vittoria Colonna, en el que la composición es similar, aunque los protagonistas varían. Esta escultura la empezó en torno a 1550 en Roma, donde residía desde 1534. Hoy puede verse en el Museo dell'Opera del Duomo de Florencia, aunque su destino original hubiera sido su sepultura en la basílica de Santa María la Mayor de Roma. Cuando cambió de idea y decidió enterrarse en Florencia, Miguel Ángel se la vendió a Francesco Bandini, que pagó doscientos escudos, y la colocó en su villa de Monte Cavallo, hasta que fue trasladada a la iglesia de San Lorenzo de Florencia en 1674 por Cosme III. En 1721 se trasladó a Santa Maria del Fiore y a partir de 1960 a su ubicación actual. En esta obra la serenidad ha desaparecido. Lo que nos encontramos es el dolor, el dramatismo, la angustia de la muerte que expresa a la perfección la figura *serpentinata* de Cristo. El lado derecho, el de la Magdalena, es el lado de la vida. El izquierdo, con María, el de la muerte. Nicodemo es la Providencia, que ejerce como sacerdote y que reúne a madre e hijo. Todos los cuerpos se funden en uno solo, como queriendo anticipar una nueva vida en la liberación del alma.

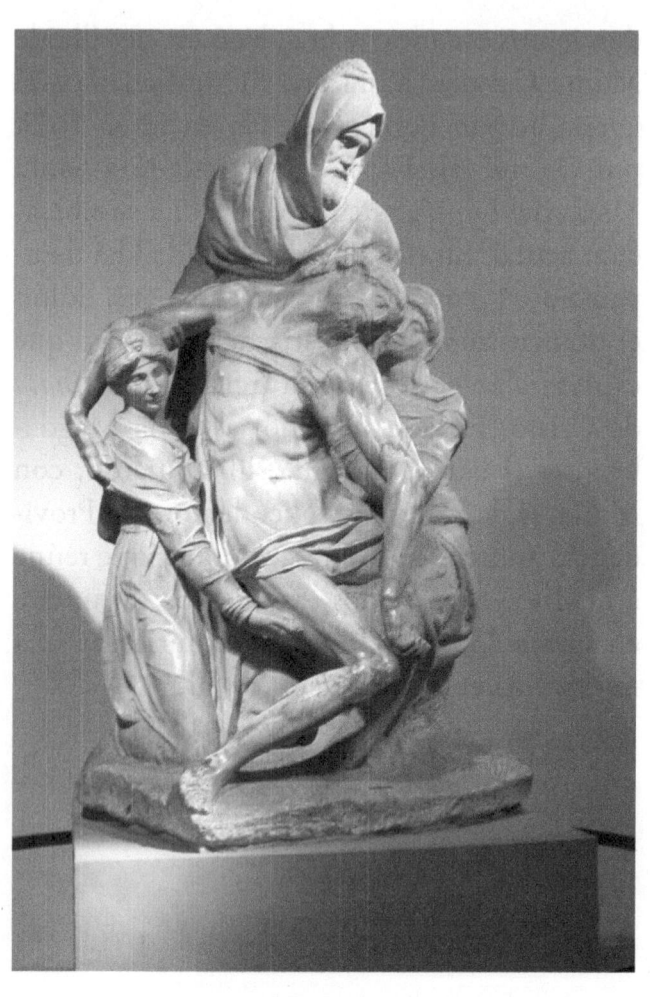

Pietà / MM, Wikimedia.

Vasari —en la edición de 1568— nos cuenta que Miguel Ángel comenzó a destruirla, y que su criado le detuvo. Lo cierto es que aún hoy pueden verse algunas de esas heridas en el cuerpo de Cristo en el brazo y en la pierna izquierda, y también en los dedos de la Virgen. La obra fue restaurada por Tiberio Calcagni que, además, rehízo la Magdalena. Pero para mí —permítame el lector esta confidencia— la belleza inacabada por excelencia es otra: la *Piedad Rondanini*. Sabemos que seis días antes de su muerte, acaecida el 18 de febrero de 1564, estaba trabajando en ella. La comenzó en torno a 1552; la dejó; la retomó en 1554, después de mutilar la *Florentina,* y siguió con ella hasta su último aliento.

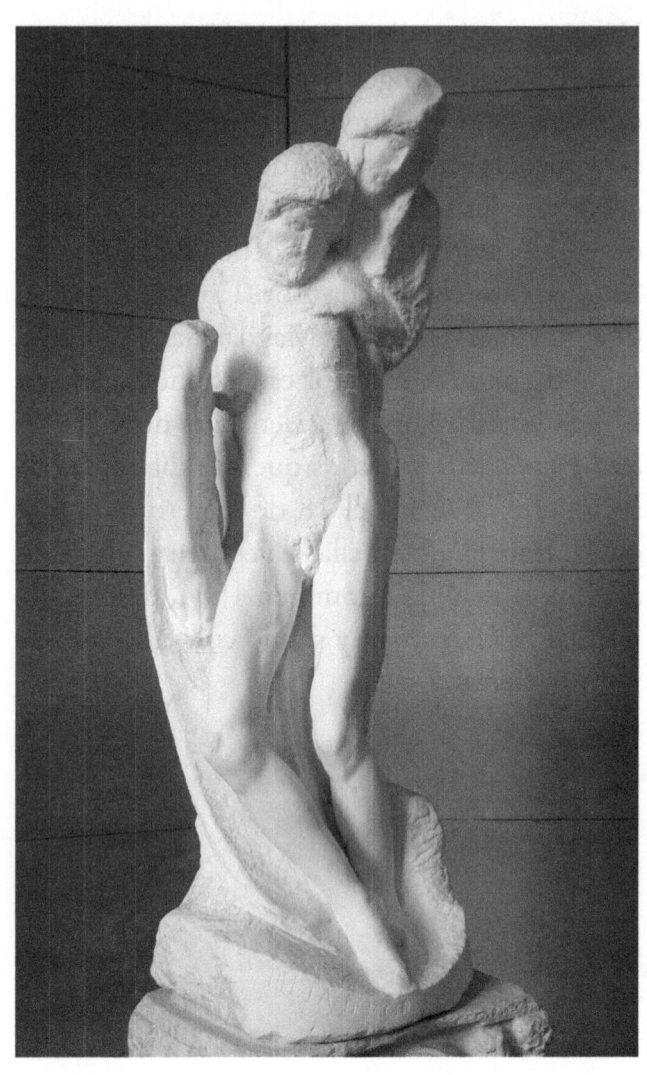

Rondanini Pietà / Paolo da Regio, Wikimedia.

Estaba aún esculpiéndola, y en agosto de 1561 se la regaló a su sirviente Antonio del Francese da Casteldurante. Daniele da Volterra en una carta dirigida a Lionardo Buonarroti, fechada el 11 de junio de 1564 le dice que el maestro estuvo trabajando en la Pietà el 12 de febrero: «io non mi ricordo se in tutto quello scritto io messi chome Michelagnolo lavorò tutto il sabbato della domenicha di carnovale e llavorò in piedi, subbiando sopra quel corpo della Pietà...» (No recuerdo si en todo lo que escribí puse cómo Miguel Ángel trabajó todo el sábado y el domingo de carnaval de pie estudiando ese cuerpo de la piedad). En 1652 se sabe que la obra estaba en una *officina*, en un taller, en Roma. Allí quizás la vieron Pietro da Cortona —pintor y arquitecto, autor de las *Tabulae anatomicae*— y Gian Domenico Ottonelli —jesuita, a quien debemos el *Trattato della Pittura e Scultura. Uso et Abuso Loro*—. Durante largo tiempo se pierde la pista de su ubicación.

En 1807 vuelve a encontrarse documentada como parte de las propiedades del Palazzo que los marqueses de Rondanini poseen en la romana Vía del Corso, que durante el siglo XIX era la sede de la embajada de Rusia. Estaba colocada en la entrada. Cuando el conde Sanseverino-Vimercati tomó posesión del palacio en 1920, el grupo fue ubicado en la biblioteca del *piano nobile*. Allí estará y sufrirá los bombardeos de la aviación aliada en 1943. Tras la muerte del conde el palacio fue vendido y la escultura fue trasladada a la villa de su hijo Ottaviano a las afueras de Roma. El ayuntamiento de Milán la comprará el 20 de diciembre de 1952, y, desde entonces, está expuesta en el museo del Castello Sforzesco.

Si nos acercamos a esta última Pietà, en primer término vemos a Cristo. Su cuerpo está casi por completo en pie, a pesar de que está muerto. El yacente quiere ser el centro de nuestra contemplación. En efecto, *mirarán al que traspasaron...* De este sacrificio depende, ni más ni menos, la salvación de la humanidad entera: «Él fue traspasado por nuestras iniquidades, molido por nuestros pecados» (Is 53, 5). La entrega del Nazareno se ha culminado hasta el extremo. Jesús ha sido obediente hasta la muerte, y una muerte de cruz. «La conversión religiosa de Miguel Ángel durante el último período de su vida fue consecuencia de sus preocupaciones por la salvación del alma, las cuales crecieron a la vez que sus presentimientos acerca de la proximidad de la muerte. El arte de morir con dignidad fue el gran problema que Miguel Ángel no cesó de dar vueltas por espacio de casi treinta años» (Tolnay, 1985, 85).

La Virgen Madre lo acoge entre sus brazos, como intentando que no se vaya de este mundo. Su mano izquierda acaricia el hombro de su hijo, con ternura. Lo rodea desde atrás, como si quisiera protegerlo de todo mal, como si quisiera aliviar todo su sufrimiento. De repente, el mundo entero se detiene, como en un instante eterno, como cuando recibió la visita del ángel Gabriel cuando era una adolescente. Cada vez que intentamos encontrar la mirada de María, nuestros ojos se pierden en ese rostro inacabado, que nos recuerda que en ella la acción del Espíritu Santo ha sido siempre casi como un suave suspiro, ha sido siempre misteriosa. Tal vez esa desfiguración sea, en realidad, una transfiguración de la vida misma. En el Gólgota la Madre de Dios, con sus lágrimas invisibles, pronuncia calladamente un nuevo *fiat*, como si al aceptar incondicionalmente la voluntad de Dios pudiera volverle a concebir en su seno virginal. Sí, cada vez que hacemos la santísima y amabilísima voluntad de Dios sobre todas las cosas, nace una belleza infinita.

Cuando era un artista joven, cuando vio el *David* habitando en ese descomunal bloque de mármol de nueve brazos, su genialidad dinámica era como un látigo trepidante, su clarividencia era atrevimiento, era vehemente e implacable. Simone da Fiesole había empezado a esculpir en él un gigante, pero tan mal lo había planificado que dejó el bloque aparentemente inservible. Pero Miguel Ángel siempre supo ver más allá. Sus esculturas de madurez van a preferir transmitir más los sentimientos que las anatomías, van a traslucir más los estados del alma que las perfecciones del cuerpo. Por eso ya no necesita pulir las apariencias, sino que le basta el golpe inacabado, le basta la piedra apenas desbastada para que broten, como de un manantial, las emociones más profundas, más humanas, más verdaderas. ¿La consecuencia más directa? La belleza es liberada de la tiranía de la forma, la belleza puede ser inacabada, puede abandonar la medida, puede ir más allá de la proporción, puede nacer también en la sombra, en lo oculto, en lo invisible.

Buonarroti es el maestro del *non-finito*. Sabe mostrar la profundidad de la emoción muy por encima de la forma. La no-forma, lo in-acabado es un modo de reconocer que uno de los frutos de la austeridad puede ser la fecundidad. En el tránsito de lo *finito* a lo *non-finito* hay una voluntad de trascender lo meramente establecido, hay una conciencia de que más allá del equilibrio se puede dar con lo radical del misterio. Si nuestros ojos no pueden salirse de lo canónico, no serán capaces de contemplar este auténtico testamento espiritual que es la *Piedad Rondanini*, quizá la obra más imperfecta de todo el Renacimiento. Aun así, con solo acercarnos a ella, uno puede sentir un *pathos* trágico, puede sentir en su alma un dolor de amor, a medio camino entre la oscuridad del sepulcro y la gloria de la resurrección.

Como ya sabemos, «el 12 de febrero de 1564, Miguel Ángel pasa todo el día trabajando en la *Pietà*. Dos días después le sobreviene la fiebre, a sus 89 años, y no sale más al campo a caballo, por la lluvia. Hasta el 16 de febrero no le convencen de que se meta en la cama. El día 18 muere en plena consciencia, teniendo con él a Daniele da Volterra, ahora su secretario, y

115

a su fiel amigo, su alma amada, Tommaso dei Cavalieri. El Papa tenía la intención de sepultar su cuerpo en San Pedro, pero Miguel Ángel había manifestado el deseo de *volver, aunque sea muerto, a Florencia, pues de vivo no pude.* El 10 de marzo de 1564, Miguel Ángel es devuelto a su tierra. En la sacristía de la iglesia de Santa Croce se abre el féretro: el cuerpo está intacto, Miguel Ángel parece dormir. Está amortajado en damasco negro. En la cabeza, un sombrero de fieltro, a la usanza antigua. En los pies, botas con espuelas. En vida, acostumbraba a descansar vestido y calzado, para poder levantarse en todo momento y reanudar el trabajo» (Néret, 2024, 92), como si no quisiera, como si no pudiera dejar de hacer arte, como si sus manos tuvieran la misión de engendrar bellezas inacabadas, inacabables…

Nueve años antes, había enviado a monseñor Ludovico Beccadelli, el nuncio apostólico en Viena, que acababa de ser nombrado obispo de Ragusa, este soneto, en el que un octogenario Miguel Ángel parece estar preparando ya su despedida de este mundo:

288

Le favole del mondo
   m'hanno tolto
il tempo dato a
   contemplare Iddio,
né sol le grazie suo poste
   in oblio,
ma con lor, più che
   senza, a peccar volto.

Quel c'altri saggio, me
   fa cieco e stolto
e tardi a riconoscer
   l'error mio;
manca la speme, e pur
   cresce il desio
che da te sia dal propio
   amor disciolto.

Ammezzami la strada
   c'al ciel sale,
Signor mie caro, e a
   quel mezzo solo
salir m'è di bisogno la
   tuo 'ita.

Mettimi in odio quante
   'l mondo vale
e quante suo bellezze
   onoro e colo,
c'anzi morte caparri
   eterna vita.

Las fábulas del mundo
   me han robado
el tiempo en que debía
   contemplar a Dios,
y no sólo he dejado su
   gracia en el olvido,
sino que con ella, incluso,
   me he dado a pecar.

Lo que a otros sabio, me
   hace ciego y tonto
y tardo en conocer mi
   error;
la esperanza falta, mas
   crece el deseo
por que me liberes de
   mi propio amor.

Parte en dos el camino
   que al cielo lleva,
mi Señor querido, y
   dame en esta mitad
para ascender tu
   necesaria ayuda.

Hazme odiar cuanto al
   mundo place
y sus bellezas que
   honro y cultivo,
para que antes de morir
   posea eterna vida.

Los últimos golpes de cincel de esta última *Pietà* le hacen reconocer cómo las vanidades de este mundo le han quitado un tiempo valioso, ese tiempo en el que podemos ponernos ante el Amor cara a cara. Se da cuenta, como en un acto de contrición perfecta, que ha desdeñado las gracias recibidas y que ha malgastado su don... Se ve como ciego y vanidoso, *cieco e stolto*; incluso su esperanza ha flaqueado, pero aún no ha perdido la confianza en la paciencia de Dios, y por eso reconoce que necesita Su ayuda, como si le pidiera: ¡Sal a mi encuentro Señor! Sabe que, sin Él, todo es nada.

La *Piedad Rondanini* paradójicamente nos revela un Cristo erguido, aunque sabemos que no se puede tener en pie, porque está muerto; nos muestra a dos personas, a Jesús y a María, aunque realmente ambos proceden de un mismo mármol; Cristo se esculpe directamente en el mismo bloque en el que se halla su madre; nos deja vislumbrar dos rostros carentes de toda belleza física, aunque hay en ellos una hermosura nunca vista. Tras incertidumbres y búsquedas, Miguel Ángel ya no quiere caer más veces en ese abismo de la vana-gloria, que conduce al infierno de la soledad. Esta *Pietà* realmente es su oración interior, una plegaria hecha con sus manos, que desafía las leyes de la lógica y de la gravedad, y que implora estar entre los brazos de Dios, como Jesús en los de María, acogido en el seno de esa *misericordia non finita*...

palimpsesto

1... déjate conquistar por la plenitud de lo que no se acaba...

2... aprender a *mirar a sorbos* es el primer paso para emprender un camino que no tiene fin, que nos lleva al infinito...

3... desandar las formas es el único modo de rastrear el auténtico origen de lo bello...

4... el cincel que golpea el mármol, en vez de hacer desaparecer la materia nos permite ver ahí dentro...

5... seguridad, libertad, felicidad... palabras grandes que requieren acciones pequeñas, tan pequeñas que siempre serán insuficientes...

6... no confundas la decadencia y el declive con aquello que está por hacer, porque si algo le sobra a la belleza es tiempo para ser...

7... atentos a la naturaleza humana vemos que somos seres "respectivos", que nos pasamos la vida mirando (*respicio, respicis, respicere, respexi, respectum*)...

8... atentos a la sobrenaturaleza humana descubrimos que "somos vistos", que siempre estamos ante los ojos de Dios...

9... quizá la belleza nace en el ser contemplado por otro y no tanto en el propio deseo de apoderarse de un objeto...

10... si tienes la oportunidad de pasear entre árboles en otoño, el bosque te permitirá asistir en directo a la acción pictórica por excelencia... cada hoja que cae es una pincelada nueva...

11... no te permitas malversar la belleza, porque lo que no tiene fin ha de ser preservado con algo sagrado...

12… si lo bello solo te gusta, no degustas su verdadero sabor, la pureza de su esencia, esa que se destila en lo prácticamente imperceptible…

13… la belleza no comparece siempre en presencia, así que acostúmbrate a experimentar su ausencia como otro modo de mantener viva su fuerza…

14… empeñarse en amar la obra de modo perfecto es como elegir una única tonalidad armónica… como si la hermosura solo fuese audible bajo una determinada armadura…

15… la belleza es la humildad de la verdad… la verdad es la humildad del bien… el bien es la humildad de la belleza…

16… la in-satis-facción no debe causar mal-estar cuando el alimento pretendido es la hermosura, porque, en el fondo, no-suficiente-hecho es el modo en que los humanos podemos digerir la gran belleza…

17… cada vez que cierras los ojos el color desaparece… es para poder soñar con un mirar que va más allá y necesita ser desprendido, necesita ser despojado...

18... el expolio es *conditio sine qua non* de plenitud, sobre todo si no se vive como una desgracia... porque en la desposesión está la gracia...

19... no hay más belleza que la belleza desnuda, no puede ser de otra manera, pues si se reviste deja de estar presente...

20... ¿quieres mantener viva tu inocencia?, aprende a negar tu deseo de dominio, y serás libre para siempre, para siempre, para siempre...

21... no acertamos a ver un rostro transfigurado... la razón es tan simple como que nuestros ojos solo toleran la luz tenue, mientras que la belleza es pura luz, luz pura que puede llegar a ser opaca...

22... acostumbrándonos al silencio podemos generar, engendrar tiempos de escucha, que son tan propicios para recibir la visita de la belleza...

23... la hermosura nunca aturde los sentidos, sino que inaugura un nuevo espacio, un nuevo tiempo...

24… no quieras saberlo todo… estás hecho para caminar sin cesar, para andar un camino que no tiene fin… un paso tras otro es nuestro modo de llegar a ser, nuestro modo de llegar a ver…

25… sin belleza nuestra vida es falsa y sin esperanza… la belleza que se nos da a cada instante no tiene su origen en nosotros, por eso no cabe vanagloriarse de ella…

26… la hermosura es la materia prima del mundo… también su primera forma… aún más, está más allá de lo que comienza y de lo que termina…

27… belleza es un modo de estar acompañado de tal manera que la soledad nunca es fría ni gris, sino acogedora… aún en la ausencia…

28… hasta en lo inacabado de lo bello se hace patente la hondura y la profundidad… y rebosa la fecundidad…

29… todo encuentro en la hermosura está, literalmente, a años luz de la oscuridad…

30... belleza es a esperanza como silencio a música... sin ellos nada comienza porque nada acabaría...

31... si piensas que mereces la belleza es que aún no has caído en la cuenta de que es un don radical e insólito...

32... lo único que a los seres humanos les hace encontrarse con la verdadera hermosura es el olvido de sí... como si la encontráramos más allá de todo artificio... como si se escapara a todo lo manipulable...

33... la belleza es siempre revelación, por eso nunca se acaba, por eso nunca se termina, por eso no tiene fin...

34... darse todo... darse toda de una vez... eso solo es posible a una escala sobrenatural... esa medida jamás es humana...

35... la belleza es inacabada porque es inagotable... no lo lamentes... da gracias... siempre... en todo momento... en todo lugar...

36… en cuanto contemplamos la belleza nos sentimos curados, cuidados, queridos, porque siempre sana, atiende, ama…

37… deberíamos hablar de la belleza en voz pasiva: más que amarla, somos amados por ella; más que estar atentos a ella, somos atendidos por su amabilidad; más que cuidarla, somos cuidados por ella… por eso la belleza cura; por eso la belleza salva, como la esperanza…

38… la hermosura es un modo de vigilia que supone, por un lado, abstenerse de lo superfluo y, por otro, nos proporciona una mirada atenta, vigilante, para no caer en la tentación de mal-gastarnos…

39… desde antiguo, para contemplar la belleza es preciso con-vertirse, con-vencerse…

40… la belleza es viático, es siempre un modo de ir más allá… y lo que es mejor, nuestra manera de estar más aquí…

41… si ves máscara o simulación eso no es la gran belleza… porque esta huye de la cosmética y prefiere mostrar su rostro tal cual es…

42… no es fácil prescindir de cualquier artificio y revelarse en plenitud… para eso hay que ser de verdad, hay que ser la Verdad…

43… si la belleza es verdad es porque su ser es divino… y ahí no cabe fingir ni ocultar ni engañar ni siquiera acabar…

44… el que la hermosura auténtica sea inacabada es una prueba más de su eternidad y, por ende, de su divinidad…

45… el amor a la belleza, la *filo-kalía*, exige que estemos siempre en camino, porque el amor verdadero jamás cesa, jamás se pone en pausa, jamás termina…

46… la revolución de la belleza nunca es violenta, sino que penetra en el interior de cada uno hasta que se apodera por completo del alma…

47… la belleza no solo crea, sino que también recrea… solo el hombre nuevo renace del amor que la hermosura engendra…

48… un modo excelente de concebir belleza es contemplar detenidamente la creación que, a su modo, es siempre imagen de una plenitud dinámica...

49... más que promesa de felicidad... es promesa cumplida... es evidencia de que la infinitud no excluye nuestra finitud, ni siquiera cuando olvidamos a qué estamos llamados...

50... belleza no es objeto ni lugar ni espacio ni tiempo... por eso se parece tanto al Cielo: belleza es lo que Dios nos ha preparado para hacerse presente, para hacerse reconocible en los entresijos de cada día...

51... amor es el fundamento de la belleza, pero no un amor cualquiera, sino el Amor de Dios... por eso nuestra finitud está llamada a la eternidad...

52... la inmortalidad de la belleza está acabada en el amor divino, en el amor de un Dios que crea y sostiene con su gracia cada instante...

53... abre los ojos, que la belleza sale al encuentro... sí, también en las cosas de este mundo...

54... ignoro cuál es la razón por la que la hermosura se deja capturar siempre, como si de ese modo quisiese hacer de nuestros extravíos un camino seguro...

55... al contemplar la belleza nos despojamos de las tinieblas y nos revestimos de luz...

56... la hermosura es el camino que Dios ha elegido para llamarnos hacia sí, un camino que, a veces, no podemos ver en su totalidad porque nos supera...

57... la belleza es gracia, no por ser atractiva, sino por ser puro don, don de una pureza tal que no cabe en escala alguna...

58... deberíamos sublevarnos contra toda tiniebla, porque su empeño es apartarnos de la vida buena a la que hemos sido llamados...

59... despiertos para la belleza... una consigna para cada instante de nuestras vidas que exige tanto como el *sapere aude* ilustrado... el mejor modo de afrontar el vacío y de soñar con la plenitud...

60… vivir en belleza es estar en presencia, es como reconocer que habitamos en sagrado… de ahí que sea requerida una cierta compostura…

61… la hermosura, como Dios, es, al mismo tiempo —fuera de todo tiempo— origen y destino, por eso está más allá y más acá de todo pasado-presente-futuro…

62… en lo inacabado de la belleza acertamos a ver que siempre es ad-viento, que es una espera de la presencia a la que se llega solo por amor…

63… es la contemplación de la belleza la que nos hace conocer que jamás estamos solos, porque jamás la hermosura nos deja de su mano…

64… qué paz da saber a ciencia cierta —son pocas las cosas que así se saben— que, aunque no podamos percibirla, la belleza nos contempla…

65… qué alegría sentirnos en el centro de Su ser… por eso justamente la más alta hermosura nunca es objeto, y de ahí que nunca sea tangible, aunque esté precisamente a la mano; nunca sea plenamente visible, aunque se plante

ante nosotros; nunca sea nítidamente audible, aunque su mensaje sea cristalino, ni se pueda saborear, aunque no haya nada más gustoso...

66... a lo máximo que podemos aspirar en esta vida es a ser inspirados para no descaminar desde la finitud a lo infinito, del fragmento y de lo inacabado a la totalidad...

67... la belleza consumada jamás se consume, por eso confía, espera, ama, porque esa luz encenderá tu noche oscura... y la mía también...

68... la hermosura está más allá de la luz del mundo... en la divina tiniebla también hay un esplendor inagotable —Dionisio no tenía duda alguna al respecto—, aunque ni tú ni yo podamos verlo... todavía...

69... aquel día que leí «para vivir hay que morir», recordé que para ver de verdad hay que cerrar los ojos para que el alma se ilumine...

70... nunca la belleza es pasado, sino nuestro presente, y el futuro al que estamos convocados más allá de todo tiempo...

71... la lealtad no nos libra de la tribulación, pero sí nos mantiene con el corazón en el horizonte...

72... ¿no te das cuenta de que siempre estás esperando algo?, eso es porque la belleza que puedes asimilar es inacabada... no seas im-paciente... vendrá a ti... y, entonces, vivirás en ella, para siempre, sea eso lo que sea...

73... la hermosura da sentido al tiempo porque lo planifica, hace saltar por los aires sus límites hasta difuminarlos, hasta hacerlos añicos...

74... si el misterio se revelara caeríamos al sue-lo desmayados... tanta pureza nos derrumba, aunque inmerecidamente se nos va entregando a sorbos, poco a poco, para poderla asimilar, para poder asemejarnos a ella... ¡qué corta es la vida si hemos de dar ese fruto!

75... quien vive a la escucha se reconoce in-completo... ahí radica nuestra dignidad: en sabernos indignos de una belleza tal...

76... me quejo, soy impaciente, deseo sin me-dida, persigo lo que no me conviene y aun así no pierdo el camino: eso debe ser gracias a los méritos de Otro que no soy yo...

77... el asombro y la gratitud son impactos que provoca en nosotros la hermosura contemplada... su huella es siempre patente, paciente, silente...

78... esa belleza que salva solo puede ser esperanza porque, en este mundo en el que todo pasa, nada se da por concluido...

79... la esperanza es la mejor prueba de la hermosura de lo inacabado, de lo inacabable... nos remite a lo absolutamente otro que nos aguarda, por amor, sin prisas, sin miedo, sin falta...

80... si todo dependiera de tus fuerzas o de las mías, nunca podríamos estar seguros de algo incuestionable: la belleza es misericordia...

81... que la belleza más radiante sea "prácticamente" imperceptible se debe justamente a que "teóricamente" desborda en plenitud... en "teoría" es, en realidad, en *theoría*, es decir, en pura contemplación...

82... en el sosiego cabe todo, sin embargo, en el trajín todo resulta imposible de encajar... hermosura y quietud están engarzadas por un orfebre que no necesita nada, por eso es inmóvil y muy silencioso...

83... la belleza es esa calma que acontece tras la tempestad... esa agitación es el universo de lo sublime, pero no es el hogar de la hermosura...

84... en presencia de la belleza, paz y alegría son patentes, hasta el punto en que nada resulta ajeno... jamás la hermosura es escándalo... ni necedad...

85... si lo más grande es siempre imperceptible, hemos de prestar atención a esos momentos en los que parece que no pasa nada, porque puede acontecer la belleza...

86... cuando sientes que no tienes tiempo, estás en lo cierto... nuestra indigencia es tal que ni siquiera poseemos el tiempo de nuestra vida... con la belleza sucede exactamente lo mismo...

87... la hermosura nunca es un objeto, por eso no puede ser poseído, por eso no nos puede pertenecer...

88... ni entender ni sentir, pero sin ella ¿para qué entender y cómo sentir...?

89... la belleza jamás es un abstracto, aunque habite, o pueda hacerlo, en la abstracción...

90... la belleza es mucho más que el eslabón perdido entre Dios y el ser humano; es testigo, testimonio, Alianza...

91... en el encuentro con la hermosura se inaugura el tiempo de lo sagrado... cada instante adquiere un ritmo y un color diferente...

92... vivir en belleza es saberse peregrino: por un lado, el camino es largo y arduo, pero, por otro, uno sabe hacia dónde ir... y está dispuesto a dar la vida por ello...

93... bienaventurados los que ven cosas hermosas en lugares humildes donde otros no ven nada... esta bienaventuranza de Camille Pissarro nos recuerda que la humildad está en la base de lo bello...

94... la verdadera belleza tiene que ver con la hermosura de la verdad, porque una y otra se avaloran mutuamente...

95... el que la belleza sea un acto de misericordia nos facilita reconocer la miseria de nuestras acciones...

96... el encuentro en la hermosura es un acto purificador en el que podemos experimentar algo parecido a la alegría de ser perdonados...

97... solo quien ama perdona, solo quien ama es capaz de hermosura...

98... no es vida humana aquella en la que el amor no ocupa su lugar...

99... lo bello no es nunca un trampantojo, porque siempre está sustentado sobre una verdadera realidad, sobre la única realidad verdadera...

100... ante la hermosura no cabe el desaliento... ella es el aliento mismo del amor divino...

101... cae en la tentación de la desesperanza quien cree que solo existe la belleza visible...

102... dejarse iluminar por otras luces que los ojos no ven resulta esencial para contemplar la hermosura...

103... la belleza puede ser pequeña, muy pequeña, pero jamás insignificante... precisamente porque hasta en la más mínima porción de lo bello rebosa la plenitud del sentido...

104... lo incomprensible abre la puerta al misterio, al silencio... la belleza habita con frecuencia en el quicio entre la luz y la oscuridad, y se nutre de ambas...

105... aquello que, a primera vista, parece diminuto, puede ser decisivo para dar fuerza a la vida...

106... en lo inacabado puede resonar el silencio de Dios, que es tan poderoso como su palabra...

107... la utilidad es el dogma de la sociedad contemporánea, que nos ha hecho olvidar el poder y la hermosura de aquello que solo sirve para servir...

108... en cierto modo, cada "pedazo" de belleza es como un sacrificio que "hace-sagrado" ese encuentro con lo que está más allá de uno mismo...

109… la hermosura es la prosperidad del ser de las cosas, que se nos hace presente como la mejor y mayor riqueza a la que aspirar…

110… la belleza ha de ser siempre honrada… nos dispone a apreciar lo más exquisito de la vida humana: la confianza, la fraternidad, el perdón…

111… si nos olvidamos de amar la belleza, más pronto que tarde habremos perdido el sentido de la existencia…

bibliografía

Gaudí

Bassegoda y Nonell, Joan (2002). *Gaudí o espacio, luz equilibrio*, Criterio, Madrid.

Bonet i Armengol, Joan (2010). *La Sagrada Familia de Gaudí. El templo expiatorio desde sus orígenes hasta hoy*, Lunwerg, Barcelona.

Crippa, Maria Antonietta (2015). *Gaudí*, Taschen, Köln.

Fargas, Albert (2009). *Simbología del Templo de la Sagrada Familia*, Triangle Postals, Barcelona.

Giralt-Miracle, Daniel (2012). *Gaudí esencial*, La Vanguardia Ediciones, Barcelona.

Puig i Boada, Isidre (1952). *El templo de la Sagrada Familia*, Omega, Barcelona.

(2015) *El pensamiento de Gaudí. Compilación de textos y comentarios*, Dux Editorial, Barcelona.

Puig i Tarrech, Armand (2010). *La Sagrada Familia segons Gaudí. Comprendre un símbol*, Pòrtic, Barcelona.

Sotoo, Etsuro (2010). *La libertad vertical. Conversaciones sobre la Sagrada Familia*, Encuentro, Madrid.

(2010) *De la piedra al Maestro*, Palabra, Madrid.

Brueghel

Byung-Chul Han (2012). *La sociedad del cansancio*, Herder, Barcelona.

Favio Josefo (2024). *Antigüedades judías*, Akal, Madrid, 2 vols.

Hagen, Rose-Marie & Hagen, Rainer (2024). *Bruegel*, Taschen, Köln.

Harris, Stephen L. (2002). *Understanding the Bible*, McGraw-Hill Education, New York.

Heródoto (1992). *Historia. Libro I. Clío*, Gredos, Madrid.

Jiménez Zamudio, Rafael (2020). *Enûma Elish*, Cátedra, Madrid.

Metzger, Bruce Manning & Coogan, Michael (2004). *The Oxford Guide To People and Places of The Bible*, Oxford University Press, Oxford.

Parrot, André (1953). *La tour de Babel*, Delachaux & Niestlé, Neuchâtel.

(2016) *Sagrada Biblia*, Ediciones Universidad de Navarra, Pamplona.

Piñero Sáez, Antonio (2012). *Los apocalipsis*, Edaf, Madrid.

Pseudo-Philo (1976). *Les antiquités bibliques*, Cerf, Paris, 2 vols.

Vinett, Roberto (2018). *Los jubileos*, Lulú, Santiago de Chile.

Rothko

Ashton, Dore (2003). *About Rothko*, Da Capo Press, Cambridge.

Baal-Teshuva, Jacob (2024), *Rothko*, Taschen, Köln.

Barnes, Susan J. (1989). *The Rothko Chapel: An Act of Faith*, Menil Foundation, Austin, Texas.

Berslin, James E. B. (1993). *Mark Rothko. A Biography*, Chicago University Press, Chicago.

Chave, Anna (2001). *Mark Rothko: Subjects in Abstraction*, Yale University Press, New Haven.

De Menil, Dominique (2010). *The Rothko Chapel. Writings no Art and the Threshold of the Divine,* Yale University Press.

García Bello, Deborah (2024). *La química de lo bello*, Paidós, Barcelona.

Pseudo-Dionisio Areopagita (2007). *Teología mística*, en *Obras completas*, Biblioteca de Autores Cristianos, Madrid.

Rothko, Christopher (2015). *Rothko, from the Inside Out*, Yale University Press, New Haven.

Rothko, Mark (2004). *La realidad del artista. Filosofías del arte*, Síntesis, Madrid.

(2007). *Escritos sobre arte (1934-1969)*, Paidós, Barcelona.

Seldes, Lee (1996). *The legacy of Mark Rothko*, Da Capo Press, New York.

Tanizaki, Junichiro (2014). *Elogio de la sombra*, Siruela, Madrid.

Weiss, Jeffrey (2000). *Mark Rothko*, Yale University Press, New Haven.

Buonarroti

Baldini, Umberto (1982). *The Sculpture of Michelangelo*, Rizzoli, New York.

Buonarroti, Miguel Ángel (1987). *Sonetos completos*, Cátedra, Madrid.

Condivi, Ascanio (2007). *Vida de Miguel Ángel Buonarroti*, Akal, Madrid

Dolfi, Anna (2015). *Non finito, opera interrotta e modernità*, Firenze University Press, Firenze.

Forcellino, Antonio (2018). *Miguel Ángel. Una vida inquieta*, Alianza Editorial, Madrid.

García López, David (ed.) (2020). *Miguel Ángel. Cartas*, Alianza Editorial, Madrid.

Gayford, Martin (2014). *Miguel Ángel. Una vida épica*, Taurus, Barcelona.

Hodson, Rupert (2000). *Michelangelo scultore*, Faenza, Firenze.

Néret, Gilles (2024). *Miguel Ángel (1475-1564)*, Taschen, Köln.

Scruton, Roger (2017). *La belleza*, Elba, Barcelona.

Tolnay, Charles de (1985). *Miguel Ángel. Escultor, pintor, arquitecto*, Alianza Editorial, Madrid.

(1997). *The complete work of Michelangelo*, Barnes and Noble, New York.

Vasari, Giorgio (2011). *Las vidas de los más excelentes arquitectos, pintores y escultores desde Cimabue a nuestros tiempos*, Cátedra, Madrid.

(2001). *Las vidas de los más excelentes arquitectos, pintores y escultores desde Cimabue a nuestros tiempos (Antología)*, Tecnos, Madrid.

ESTE LIBRO, PUBLICADO POR
EDICIONES RIALP, S.A.,
MANUEL URIBE 13-15, 28033 MADRID,
SE TERMINÓ DE IMPRIMIR EN
ANZOS, S. L., FUENLABRADA (MADRID),
EL DÍA 19 DE FEBRERO DE 2025.